中学

まとめ上手 国文法

Grammar

主語 修飾語 述語

Test

Part of Speech

Check

JN092816

受験研究社

特色と使い方

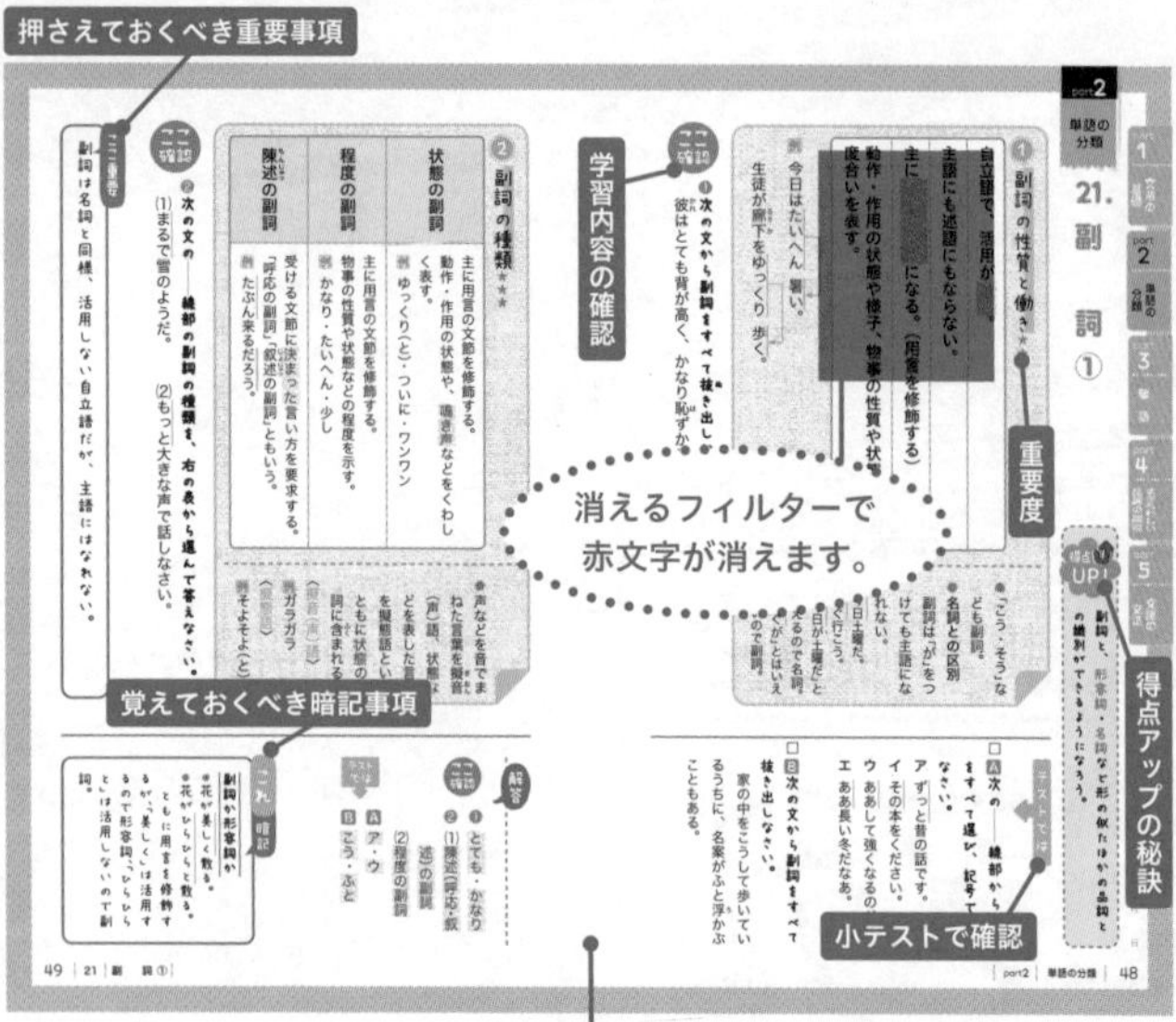

この本は、国文法の基礎的な内容を中心として、日常学習から定期テスト対策、高校入試対策としても利用できるよう、押さえておくべき要点をわかりやすく、簡潔にまとめたものです。

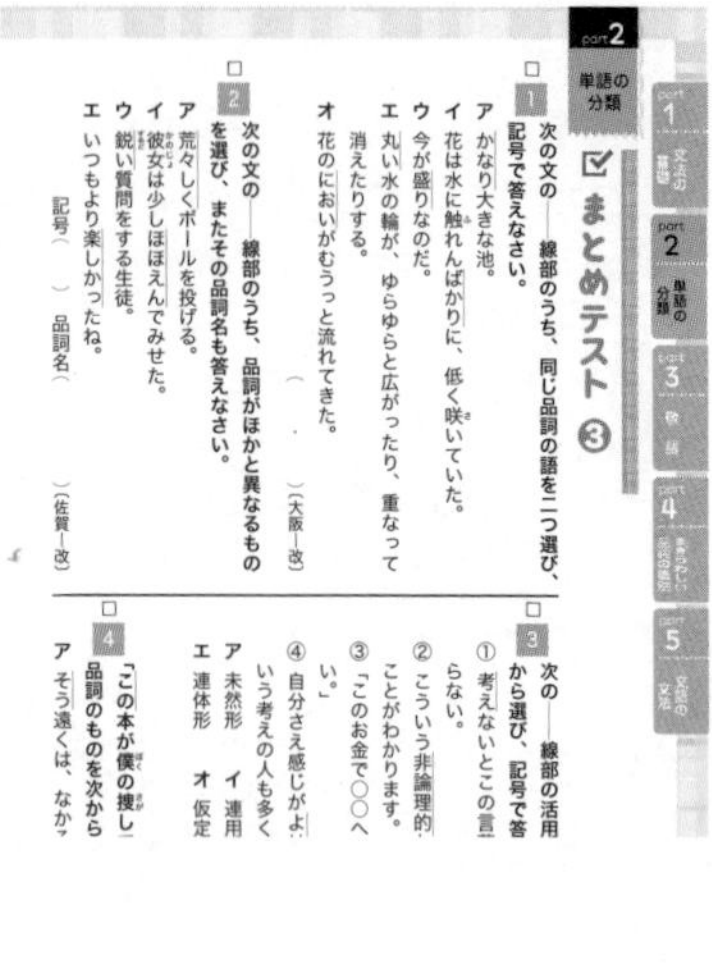

まとめテスト…実際の入試問題を通して、習熟度をより高めていくことができます。

もくじ

part 1 文法の基礎
part 2 単語の分類
part 3 敬語
part 4 まぎらわしい品詞の識別
part 5 文語の文法

1. 言葉の単位

得点UP!

文を文節や単語に区切ることができるようになるために、文節や単語の意味を確認しておこう。

月　日

① 文・文節・単語の区分★★

文	あるまとまった一つの考えや感じ、気持ち、事実を言い表したもの。
文節	意味の上からおかしくない程度に最も短く区切った場合のひと続きの言葉。
単語	文節を意味の上からさらに細かく分けた場合の最も小さい単位の言葉。構成により複合語、派生語、単純語がある。

※複合語・派生語は、二つ以上の意味をもつ要素で成り立ち、単純語は一つの要素だけで成り立つ。

●文を文字で書くときは、終わりに必ず句点(。)をつける。文の区切りは読点(、)をつける。

●**単語の種類**
複合語→例火花
派生語→例ぼくら
単純語→例馬

ここ確認

❶ **次の文章は、いくつの文でできているか。算用数字で答えなさい。**
(1)夕日が沈《しず》む。山はやみに包まれる。夜だ。夜がやってきた。
(2)今日は早起きした。というのも、友達と映画館に行くからだ。楽しみだなあ。

テストでは

□ A **次の文はいくつの文節からできているか。算用数字で答えなさい。**
❶ 私たちは桜の花が咲く四月に入学した。
❷ 栃木県は豊かな自然に恵《めぐ》まれている。〈栃木―改〉

□ B **次の文はいくつの単語からできているか。算用数字で答えなさい。**
ジェットコースターに乗るまでこわくて足が震《ふる》えていた。

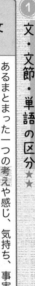

② 文節・単語の区切り方★★

文節	人に話す感じで、「ネ・サ・ヨ」などを入れてみて、自然に入るところで区切る。
単語	文節のはじめから、それ一語で意味がわかる言葉を抜《ぬ》き出し、残った言葉を働きの違《ちが》いで区切る。

〈文節〉私は（ネ）／医者に（サ）／なりたい。（ヨ）

↓

〈単語〉私／は／医者／に／なり／たい。

● 補助語も一文節。
例 空に／月が／出て／いる。
補助的な意味の「いる」も一文節に数える。

● 一文節で一つの文のこともある。
例 飛行機だ。

ここ確認

❷ **次の文章を文節に区切ったとき、区切ってはいけないところはどこか。すべて選び、記号で答えなさい。**

サッカーを㋐／練習㋑／する㋒／ときが㋓／ぼくに㋔／とって㋕／いちばん㋖／幸せな㋗／時間㋘／です。試合も㋙／楽しんで㋚／います。

ここ重要

単語に分けるときには、まず文節に分けてから考えよう。

解答

ここ確認 ❶ (1) 4 (2) 3 ❷ イ・ケ

テストでは A ❶ 6 ❷ 5 B 12

これ暗記

「。《まる》」と「、《てん》」あわせて句読点。文の終わりは句点、区切りは読点。

part1 文法の基礎
part2 単語の分類
part3 敬語
part4 まぎらわしい品詞の識別
part5 文語の文法

2. 文の成分

①「係る」と「受ける」★★

係る文節	二つの文節が意味の上で結びついているときの、前の文節。
受ける文節	二つの文節が意味の上で結びついているときの、後ろの文節。

例 校庭に　桜の　花が　咲《さ》く。

係る	受ける
校庭に	咲く
桜の花が	咲く
桜の	花が

●二つ以上の文節が意味の上で深く結びつき、一文節と同じ働きをするものを連文節という。

例 泳いで／いる。

ここ確認

① 次の――線部を受ける文節を抜《ぬ》き出しなさい。

一枚の新聞から、私たちはどんなことを知るのでしょうか。

得点UP! 主語と述語が文の柱。直接問われていなくても、まず、チェックしよう。

テストでは

□ A 次の文の主語(主部)を答えなさい。

① すみれが咲いた。

② 先週の日曜日に、私は母と買い物に行った。

③ 涼《すず》しい風が吹《ふ》く。

□ B 次の――線部の文の成分の種類を答えなさい。

季節が変わり、街を歩く人々の服装も華《はな》やかになった。

月　日

② 文の成分の種類★★★

主語	「何が」「だれが」にあたる文節。 例 空が青い。　私は中学生です。
述語	「どうする」「どんなだ」などと説明する文節。 例 母が笑う。　花が美しい。
修飾《しゅうしょく》語	ほかの文節の意味をくわしく説明する文節。 例 青い海。　庭で遊ぶ。
接続語	文と文、文節と文節などをつなぐ。 例 春、そして、夏。　暗いから、見えない。
独立語	独立して、感動や応答などを表す文節。 例 まあ、すごい。　はい、私が山田です。

●修飾語には用言を修飾する連用修飾語と、体言を修飾する連体修飾語がある。

文の成分としての働きを理解しよう

ここ確認

② 次の——線部の文の成分の種類を、右の表から選んで答えなさい。

(1)夕焼けを窓から眺《なが》める。　(2)雨だ。しかし、試合は続行だ。

ここ重要

独立語は文の初め、述語は文の終わりにあることが多い。

解答

ここ確認

❶ 知るのでしょうか

❷ (1)修飾語　(2)接続語

テストでは

A ❶ すみれが　❷ 私は　❸ (涼しい)風が

B 主語

これ暗記

文の成分は、主語・述語・修飾語・接続語・独立語の五つ。

part1 文法の基礎
part2 単語の分類
part3 敬語
part4 まぎらわしい品詞の識別
part5 文語の文法

3. 文節どうしの関係①

得点UP! 文節どうしの関係は、その文節が、どの文節とどんな関係にあるかをつかむことが大切。

月　日

① 主語・述語の関係★★★

主語	「何が」「だれが」にあたる文節。	動作や状態の主体を表す。
述語	「どうする」「どんなだ」「何だ」などを表す文節。	動作や状態そのものを表す。

※主語・述語の基本形

〈主語〉〈述語〉

①何(だれ)が――どうする。　例 兄が 走る。
②何(だれ)が――どんなだ。　例 花が 美しい。
③何(だれ)が――ある(いる・ない)。　例 本が ある。
④何(だれ)が――何だ。　例 父は 画家だ。

●主語の見分け方

❶述語を見つけ、「何が」「だれが」にあたる語を探す。

❷「…が」に置きかえても、意味が通じるかどうかを確認する。

例 父は(❷が) 毎朝 走る。❶

ここ確認

❶ 次の文から主語と述語を抜《ぬ》き出しなさい。

今日は、私が夕食を作ります。

テストでは

□ A 次の――線部はどのような関係にあたるかを答えなさい。

春は小鳥たちも楽しそうにさえずる。

□ B 次の――線部の修飾語について、連体修飾語であれば「体」を、連用修飾語であれば「用」を答えなさい。

夜が ⓐようやく明けるころ、ⓑ遠くで ⓒ鳴き始めた ⓓにわとりの声で、ぼくは目が覚めた。

❷ 修飾語《しゅうしょく》・被《ひ》修飾語の関係★★★

修飾語	ほかの文節の意味をくわしく説明する文節。
被修飾語	修飾語によってくわしく説明される文節。

❸ 連体修飾語と連用修飾語★★

連体修飾語	体言（名詞）を含《ふく》む文節に係る修飾語。 例 赤い　ばら。〈名詞を修飾〉
連用修飾語	用言（動詞・形容詞・形容動詞）を含む文節に係る修飾語。 例 雨が　激しく　降る。〈動詞を修飾〉

●修飾語は直接被修飾語に係るので、続けて読むと意味が通じることを押《お》さえる。

例 小さな 白い 犬。

小さな
白い ＞ 犬

ここ確認

❷ 次の文の――線部が修飾している文節を、抜き出しなさい。

(1) バスの中から中学校の校舎が見える。

(2) 水そうの中を大きな魚が泳ぐ。

ここ重要

受ける語（被修飾語）から、連体修飾語か連用修飾語かをとらえる。

解答

ここ確認

❶（主語）私が　（述語）作ります

❷ (1) 中から　(2) 泳ぐ

テストでは

A 主語・述語の関係

B ⓐ 用　ⓑ 用　ⓒ 体　ⓓ 体

これ暗記

「主語」を探すときは、まず「述語」から。

part1 文法の基礎
part2 単語の分類
part3 敬語
part4 まぎらわしい品詞の識別
part5 文語の文法

4. 文節どうしの関係 ②

得点UP!

並立・補助の関係は必ず連文節を作り、一つのまとまりとして、文の成分となる。

① 並立《へいりつ》・補助・独立・接続の関係★★★

並立	二つ以上の文節が対等に並んでいる関係。 例 ノートと 本を持参しなさい。
補助	本来の意味が薄《うす》れて、すぐ上の主な意味をもつ文節に補助的について意味を添《そ》える関係。 例 貸して ください。　調べて みよう。
独立	ほかの文節とは直接関係をもたない独立した文節と、ほかの文節との関係。 例 山田さん、お元気ですか。
接続	接続語と、それを受ける文節などとの関係。 例 話せば わかる。

● 並立の関係と補助の関係は、それぞれ連文節を作る。

● 連文節でできる文の成分を、主部や述部のように「〜部」という。一つの文節の主語、述語などとは区別する。

テストでは

□ A 次の文の——線部の文節の関係をあとから選び、記号で答えなさい。

① おお、春だ。
② 桜が咲《さ》いて いる。
③ 美しく、かれんな花だ。
④ 暑くても 出かけた。

ア 接続の関係
イ 並立の関係
ウ 補助の関係
エ 独立の関係

月　日

ここ確認

① 次の文から、並立の関係と補助の関係にあたる文節を抜《ぬ》き出しなさい。

たとえ今は苦しくとも、人間は、夢と希望をもって生きている。

② 独立した文節（独立語）の種類★★

感動	例 おお、すばらしい。　まあ、珍《めずら》しい。
呼びかけ	例 坊《ぼう》や、だめよ。 もしもし、山本さんですか。
応答	例 はい、私です。　いいえ、違《ちが》います。
提示	例 八月十五日、この日は終戦記念日です。

●独立語は読点を伴《ともな》って、文の最初にくることが多い。また、ほかの文節とは直接の係り受けの関係をもたない。

例 ホイッスル、その音で、試合は始まる。→「ホイッスル」は独立語。
ホイッスルで、試合は始まる。→「ホイッスル」は修飾語。

ここ確認

② **次の文から、独立した文節を抜き出しなさい。**

(1) 人生、それはマラソンのようなものです。

(2) あら、肩《かた》にほこりがついているわ。

ここ重要

〈（動詞＋て）＋いる〉・〈（名詞＋で）＋ある〉は補助の関係。

解答

ここ確認

① （並立）夢と／希望を　（補助）生きて／いる

② (1) 人生　(2) あら

テストでは

A ①エ　②ウ　③イ　④ア

これ暗記

補助の関係にある語は、それぞれ一文節に数える。

洗って／いる

⇩

二文節

part1 文法の基礎
part2 単語の分類
part3 敬語
part4 まぎらわしい品詞の識別
part5 文語の文法

5. 文の種類

得点UP!

文の種類は性質上の違《ちが》いと構造上の違いをそれぞれ区別してとらえておこう。

① 性質上の違い★

平叙《へいじょ》文	断定や推量の意味を表した文。結びは終止形。 例 雨が降る。
疑問文	疑問や反語の意味を表した文。 例 これは何ですか。
感嘆《かんたん》文	心の感動を表した文。 例 まあ、美しい。
命令文	禁止・命令・願望の意味を表した文。 例 この部屋に入るな。

●反語とは、わざと自分の気持ちと反対の意味の疑問文で問いかけ、自分の思いを強調する言い方。
例 本当にそうだろうか(いや、そんなはずはない)。

ここ確認

❶ 次の文は、右の表のうちのどの文にあたるか、答えなさい。

(1) このカメラで私たちの写真を撮《と》ってください。

(2) 勉強もせず、テレビばかり見ていてもいいのだろうか。

テストでは

□ A 次の文の性質上の種類をあとから選び、記号で答えなさい。

❶ すぐに来なさい。

❷ わあ、きれいだなあ。

❸ 今、何時ですか。

❹ 親友とけんかした。

ア 平叙文
イ 疑問文
ウ 感嘆文
エ 命令文

月　日

❷ 構造上の違い ★★

単文	一文中に、主語・述語の関係が一つだけある文。 例 かもめが 飛ぶ。
複文	文の中心となる主語・述語の関係以外に、連文節の中にも主語・述語の関係を含《ふく》む文。 例 私が登ったのは、大山《だいせん》です。
重文	主語・述語の関係が二つ以上、対等の関係で存在している文。 例 花は 咲《さ》き、鳥は 歌う。

〈主部（連文節）〉
私が 登ったのは、
〈述語〉
大山です。

ここ確認

❷ 次の文は右の表のうちのどの文にあたるか、答えなさい。

(1)兄は会社へ行き、姉は買い物に出かけた。
(2)昨晩から雨が降り続いているので、雨もりが心配だ。
(3)きれいな花が庭一面に咲いている。

ここ重要
文の構造は、主語・述語の関係を踏《ふ》まえて見分ける。

解答

ここ確認
❶ (1)命令文 (2)疑問文
❷ (1)重文 (2)複文 (3)単文

テストでは
A ❶エ ❷ウ ❸イ ❹ア

これ暗記
主・述の関係を二つ以上含み、それらが対等な関係になるのが重文、ならないのが複文。

part1 文法の基礎
part2 単語の分類
part3 敬語
part4 まぎらわしい品詞の識別
part5 文語の文法

6. 単語の成り立ち（複合語・接頭語・接尾語）

得点UP!
複合語や接頭語・接尾語《せつび》がついて品詞が変わる場合は、新しくできた単語の品詞で考える。

月　日

① 複合語の組み立て★★

例 名高い	主語＋述語	上の語が主語、下の語が述語。
例 建物	述語＋目的語	下の語が、上の語の目的語。
例 食生活	修飾《しゅうしょく》語＋被《ひ》修飾語	上の語が、下の語を修飾。
例 親子	対等	対等の関係で並んでいる。

※複合語は二単語とせずに、一単語として扱《あつか》う。

●二つ以上の単語が合わさって、新しく一つの単語となったものを複合語という。

例 肌寒《はだざむ》い（主語＋述語）
読書（述語＋目的語）
立ち上がる（修飾語＋被修飾語）

ここ確認

❶ 次の語の組み立てを、ア主語＋述語・イ述語＋目的語・ウ修飾語＋被修飾語・エ対等から選び、記号で答えなさい。

(1)送り仮名《がな》　(2)読み書き　(3)若草　(4)息苦しい

テストでは

□ A 次の語の構成があとののどれにあたるかを選び、記号で答えなさい。

❶ 地すべり
❷ うち寄せる
❸ 遊んでいる
❹ 恐《おそ》ろしがる
❺ か細い
❻ 押《お》し上げる

ア 複合語
イ 接頭語のついたもの
ウ 接尾語のついたもの
エ 二つの単語

② 接頭語・接尾語★★★

接頭語	それ自身は単語ではない。	単語の上につく。	例 お茶 かき消える たやすい
接尾語	それ自身は単語ではない。	単語の下につく。	例 高さ 春めく 男らしい

※派生語には次のようなものがある。

〈名詞〉ご飯・真夜中・川口さん・ぼくら
〈動詞〉うち明ける・とり調べる・汗《あせ》ばむ・苦しがる
〈形容詞〉か弱い・すばやい・熱っぽい・忘れがたい
〈形容動詞〉こぎれいだ・ご立派だ・論理的だ・悲しげだ

● 接頭語・接尾語がついてできた単語を派生語という。

● 接頭語・接尾語・複合語は、音《おん》が濁《にご》ったり、変わったり、また、アクセントが変わったりすることもある。

例 雨《あめ》＋雲《くも》⇩雨雲《あまぐも》
真《ま》＋心《こころ》⇩真心《まごころ》

ここ確認

② **次の文から接頭語をすべて抜《ぬ》き出しなさい。**
小川のほとりのこ高い丘《おか》に真っ赤な花が咲《さ》いている。

ここ重要

上（頭）につくのが接頭語、下（尾《お》っぽ）につくのが接尾語。

解答

ここ確認
❶ (1)イ (2)エ (3)ウ (4)ア
❷ 小・こ・真っ

テストでは
A ❶ア ❷イ ❸エ ❹ウ ❺イ ❻ア

これ暗記

複合語は、一単語。「ネ」を入れても分けられない。

×食べ／続ける（ネ）

まとめテスト①

□ 1 「恥《はじ》の多い生涯《しょうがい》を送って来ました。」の文節の数と単語の数を、それぞれ算用数字で答えなさい。

文節（　　）　単語（　　）

□ 2 次の文を文節に区切りなさい。

小学生のころはおなじみの遊びだったが、中学に入ってからは一度もやっていない。

（岩手―改）

□ 3 次の文を文節に区切りなさい。また、その中で修飾《しゅうしょく》語の働きをしている文節の数を、算用数字で答えなさい。

一体、人間の頭の良さの特《とく》徴《ちょう》とは何か。

（　　）（長野―改）

□ 4 次の⑴・⑵の――線部はどのような文の成分にあたるか。最も適切なものをあとから選び、記号で答えなさい。

⑴ 言葉によって、たがいに意志を通じ合わせる。

⑵ 眉《まゆ》、目、耳、鼻、口、材料はわずかこれだけなのにこの組み合わせで千差万別の顔ができあがる。

ア 主部　イ 述部　ウ 修飾部
エ 接続部　オ 独立部

⑴（　　）　⑵（　　）（兵庫）

□ 5 次の文の――線部「考えていかなければならない」の主語を抜《ぬ》き出しなさい。

昨今起こるさまざまな事象により、私たちは生活様式の変化に直面しているが、それに伴《ともな》って表面化している日本全体が抱《かか》える問題に対しても、みんなで打開策を考えていかなければならない。

（　　）

□ 6 「きれいな本がそろっている」の「そろっている」は二つの文節から成り立っている。この二つの関係として最も適切なものを次から選び、記号で答えなさい。

ア 主語・述語の関係　イ 修飾語・被《ひ》修飾語の関係
ウ 並立の関係　エ 補助の関係
（　　）〈愛媛〉

□ 7 次の――線部の修飾語から働きがほかと異なるものを選び、記号で答えなさい。
ア 古典はその最も重要なものではないか
イ 昔若い時代に熱中した流行書の名
ウ いまの若い人たちは何の反応も示さない
エ 違《ちが》った時代と世代を結ぶ共通性
オ むずかしい恋人《こいびと》のようなもの
（　　）〈大阪〉

□ 8 次の文の――線部が直接係る語句を、一文節で抜き出しなさい。
代金を払《はら》おうとしているのに店員の姿が見当たらない場合、とりあえず「すいません」と呼びかけるものだと思っていた。

（　　）〈福井〉

□ 9 次の文の――線部が係る語句を、一文節で抜き出しなさい。
石油の大量消費の結果、地球温暖化という、人類の生存にもかかわる環境《かんきょう》の変化が起こっている。

（　　）〈京都―改〉

□ 10 次から成り立ちの異なる語を選び、記号で答えなさい。
ア 向かい合う　イ 歩き回る
ウ 暑がる　エ 駆《か》り立てる
（　　）

考え方
7 連体修飾語か、連用修飾語かを考える。
10 複合語と派生語の違《ちが》いを踏《ふ》まえて考える。

解答
1 （文節）5　（単語）10　2 小学生の／ころは／おなじみの／遊びだったが、／中学に／入ってからは／一度も／やって／いない。　3 一体、／人間の／頭の／良さの／特徴とは／何か。　（文節の数）4　4 (1)ウ　(2)エ　5 私たちは　6 エ　7 イ　8 呼びかける　9 変化が　10 ウ

7. 自立語と付属語

① 自立語と付属語★★★

自立語	単語の中で、それだけで一つのまとまった意味をもっている語。文節の最初にあり、一つの文節に必ず一つある。 例 棚《たな》・上・赤い・本・ある
付属語	その単語だけでは意味がわからず、自立語に付属して初めて意味を示す語。単独で文節になれず、自立語のあとにつく。 例 の・に・が

例 棚(自)の(付)｜上(自)に(付)｜赤い(自)｜本(自)が(付)｜ある(自)。

● 文節に含《ふく》まれる付属語の数は決まっているわけではない。

例 私 は ↓1 ｜ぜんぜん ↓0 ｜泳げ ませ ん。↓2

1つの文節に自立語は1つ!

得点UP!

自立語や付属語を抜《ぬ》き出す問題や選ぶ問題は、まずその文を文節に区切ることから始めよう。

月　日

テストでは

□ **A 次の文から自立語をすべて抜き出しなさい。**

❶ まるい月が出る。

❷ 蜂《はち》がみつを運んでいる。

□ **B 次の文から付属語をすべて抜き出しなさい。**

❶ 犬が水たまりを眺《なが》めています。

❷ あの建物が病院です。

ここ確認

❶ **次の文に自立語はいくつあるか。算用数字で答えなさい。**

台風の激しい風で木が倒《たお》れてしまった。

❷ 文節の中の自立語と付属語★

自立語のみ	㊂たいへん／㊂美しい／㊂花。
自立語＋付属語	㊂子ども㊊の／㊂成長㊊を／㊂見守っ㊊て／㊂い㊊ます。

文節に区切る前　白い花が咲《さ》いている。

⇦

文節に区切ると　㊂白い／㊂花㊊が／㊂咲い㊊て／㊂いる。

● 自立語は単独で文節を作ることができる。

● 付属語は単独で文節を作ることができない。

● 文節に区切ったあとは、見つけやすい自立語から探していく。

ここ確認

❷ 次の文から付属語をすべて選び、記号で答えなさい。

㋐太陽 ㋑が ㋒ぎらぎら ㋓川面《かわも》 ㋔に ㋕照り ㋖つけ ㋗て ㋘いる。

ここ重要

付属語は必ず自立語につき、自立語とともに文節を作る。

解答

ここ確認

❶ 6

❷ イ・オ・ク

テストでは

A ❶ まるい・月・出る

❷ 蜂・みつ・運ん・いる

B ❶ が・を・て・ます

❷ が・です

これ暗記

文節に区切ったあとに、意味があるものとないものに分ける。

● 意味がある ⇩ 自立語

● 意味がない ⇩ 付属語

8. 品詞の分類

① 体言と用言★★

体言	自立語で、活用のない単語。助詞「が」などを伴《ともな》って主語になることができる。 例 犬（主語）がいる。〈名詞〉　あれ（主語）が空港だ。〈名詞〉	名詞
用言	自立語で、活用のある単語。単独で述語になることができる。 例 姉が歌う（述語）。〈動詞〉　空が赤い（述語）。〈形容詞〉	動詞 形容詞 形容動詞

●体言＝名詞、用言＝動詞・形容詞・形容動詞は必ず覚えよう。

●用言は、言い切りの形がウ段の音で終わるのが動詞、「い」で終わるのが形容詞、「だ」で終わるのが形容動詞。

得点UP! 単語の品詞は、その性質により決まっているため、場面に応じて変化することはない。

月　日

テストでは

□ A 次の文の――線部から品詞が異なるものを選び、記号で答えなさい。

① ア しばらく待とう。
イ ゆっくり走る。
ウ おだやかな日々。
エ とてもおいしい。

② ア この冬は暖かい。
イ 実が大きくなる。
ウ 夕日で赤く染まる。
エ 楽しさを知る。

ここ確認

① 次の単語から用言をすべて選び、記号で答えなさい。

ア 明るい　イ 豊かだ　ウ 彼《かれ》ら　エ 夢　オ 練習する
カ 私　キ 悲しい　ク 走る　ケ 運動　コ 悲しみ

② 品詞の分類★★★

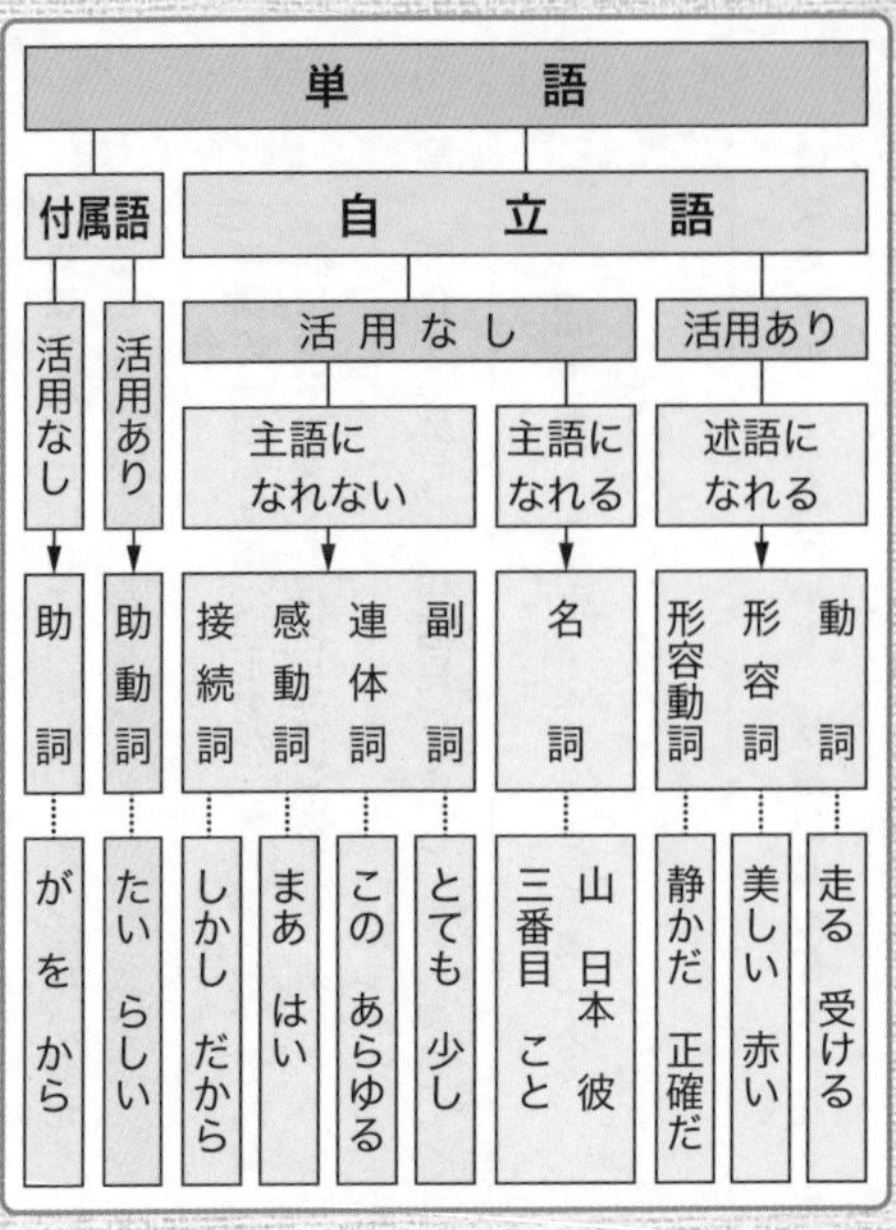

●品詞の分類については、①自立語か付属語か ②活用があるかないか ③主語になれるかなれないか ④性質の分類と、徐々《じょじょ》に視点を小さくしていく。

ここ確認

❷ 次の――線部の品詞名を答えなさい。

ⓐとても ⓑ美しい ⓒ船が ⓓこの 港ⓔに 入ってい ⓕます。

解答

ここ確認

❶ ア・イ・オ・キ・ク

❷ ⓐ副詞 ⓑ形容詞 ⓒ名詞 ⓓ連体詞 ⓔ助詞 ⓕ助動詞

テストでは

A ❶ウ ❷エ

これ暗記

言い切りの形で判別。

●ウ段の音⇩動詞

●「〜い」⇩形容詞

●「〜だ」⇩形容動詞

part1 文法の基礎
part2 単語の分類
part3 敬語
part4 まぎらわしい品詞の識別
part5 文語の文法

9. 用言の活用

得点UP!
活用のある品詞(単語)は、動詞・形容詞・形容動詞・助動詞の四種類。

月　日

① 活用・語幹・語尾《ごび》★

活用	意味や用法に応じて、単語の一部の語形が変化すること。
語幹	単語の一部が活用(語形変化)する場合に、どんな語につながっても変化しない部分。
語尾	変化する部分。活用語尾ともいう。

※「読む」→「読まナイ」「読みマス」などと活用する。
語幹…読　語尾…ま・み

●「見る」「寝《ね》る」のように、語幹だけで一つの活用形になるものもある。

例
未然形 寝ナイ
連用形 寝マス

ここ確認

❶ **次の文の――線部から、活用語尾の部分を抜《ぬ》き出しなさい。**

海からの眺《なが》めは、ⓐすばらしかろう。もし海がⓑおだやかならば、ⓒ出航しよう。

テストでは

□ A **次の単語から活用する語をすべて選び、記号で答えなさい。**

ア 青い　イ つまり
ウ 静かだ　エ 元気です
オ もっと　カ する

□ B **次の――線部から活用形が未然形のものをすべて選び、記号で答えなさい。**

ア もう泣かないで。
イ 虹《にじ》が見えますよ。
ウ 山へ行こう。

❷ 活用形★★★

未然形	まだそうなっていないという形。	例 起きナイ	例 よかろウ
連用形	用言（動詞・形容詞・形容動詞）・助動詞・助詞に連なる形。	例 起きマス	例 よかっタ
終止形	文節や文の終わりにくる形。言い切りの形。	例 起きる。	例 よい。
連体形	体言（名詞）・助動詞・助詞に連なる形。	例 起きるトキ	例 よいトキ
仮定形	「もし…ならば」と仮定する形。	例 起きれバ	例 よければ
命令形	命令の意味を表す形。	例 起きろ。 例 起きよ。	

ここ確認

❷ **次の文の――線部を終止形に直しなさい。**

(1) 寒いから、窓を閉めろ。

(2) 広くて大きな家に住みたい。

ここ重要

活用形の名称《めいしょう》は、「未然形」から順序正しく覚えよう。

解答

❶ ⓐかろ ⓑなら ⓒし

ここ確認 ❷ (1)閉める (2)広い

テストでは Ⓐ ア・ウ・エ・カ Ⓑ ア・ウ

これ暗記

「ない」や「ば」をあとにつけたとき、無理なく続けば活用する。

鳴く ⇩ 鳴けば

⇦ 鳴かない

part1 文法の基礎
part2 単語の分類
part3 敬語
part4 まぎらわしい品詞の識別
part5 文語の文法

10. 名詞①

得点UP!
自立語で活用しない、ほかの品詞（副詞・連体詞など）との見分けができるようにしよう。

月　日

① 名詞の働き★

物事の名称《めいしょう》を表す言葉。

付属語を伴《ともな》って、主語・述語・修飾《しゅうしょく》語になる。

例 花が（主語）　咲《さ》く。
私が　山田です（述語）。

自立語で、活用がない。

例 音楽鑑賞《かんしょう》が（主語）　細川さんの（修飾語）　趣味《しゅみ》です（述語）。

名詞 → 音楽鑑賞・細川さん・趣味

●名詞は単独で独立語になる。

例 三月三日、その日は私の誕生日です。

●名詞は、具体的なものだけでなく、「夢」や「希望」などの抽象《ちゅうしょう》的な事象の名称も含《ふく》む。

ここ確認

❶ 次の――線部から名詞をすべて選び、記号で答えなさい。

ア太陽が　イギラギラと　ウ照りつける　エ中、　オボストンマラソンは　カ始まった。　キ選手は、　クここから　ケ続々と　コ走り始めた。

テストでは

□ A 次の――線部の名詞の種類をあとから選び、記号で答えなさい。

❶ 東京で生まれた。
❷ どんなことでもする。
❸ 科学者になりたい。
❹ 七人の小人たち。
❺ どれが本物だろう。
❻ 数学の勉強をする。

ア 普通名詞
イ 固有名詞
ウ 数詞
エ 形式名詞
オ 代名詞

② 名詞の種類★★

普《ふ》通《つう》名詞	一般《いっぱん》的な物事の名称を表す。	例 雨・会議・健康
固有名詞	人名や地名など一つしかないものを表す。	例 徒然草《つれづれぐさ》・富士山《ふじさん》
数詞	数量や順序を表す。	例 一・三番・六巻
形式名詞	本来の意味が薄《うす》れ、形式的に用いられる。	例 若いうちが花だ。あなたのためだ。
代名詞	物事の名称を言う代わりに、指し示すもの。	例 あなた・どなた 彼《かれ》・これ・そこ

● 特殊《とくしゅ》な普通名詞
一つしかないものでも、ほかと区別する必要がないものは普通名詞。
例 太陽・月

● 形式名詞の上には、その語を修飾する文節がつくことが多い。
例 読む→とき

ここ確認

❷ 次の――線部の名詞の種類を、右の表から選んで答えなさい。

ⓐ月へのⓑ距離《きょり》は、約ⓒ三十七万キロあるというⓓことだ。

ここ重要

「〜もの」「〜こと」「〜とき」などは形式名詞にあたる。

解答

ここ確認

❶ ア・エ・オ・キ・ク

❷ ⓐ普通名詞 ⓑ普通名詞 ⓒ数詞 ⓓ形式名詞

テストでは

Ａ ❶イ ❷エ ❸ア ❹ウ ❺オ ❻ア

これ暗記

名詞の見分け方

「が」をつけて主語になるものは、名詞。

part1 文法の基礎
part2 単語の分類
part3 敬語
part4 まぎらわしい品詞の識別
part5 文語の文法

11. 名詞②

得点UP!
「こ・そ・あ・ど」で始まる名詞の特徴《とくちょう》を理解し、まぎらわしい語に注意しよう。

月　日

① 代名詞①（人称《にんしょう》代名詞）★★

自称	対称	他称			不定称
		近称	中称	遠称	
私 僕《ぼく》 おれ	あなた きみ おまえ	こいつ このかた	そいつ そのかた	彼《かれ》 あいつ あのかた	だれ どなた どいつ どのかた

※人称代名詞は人を指し示す代名詞で、自称・対称・他称・不定称の四つに大きく区別できる。

●「こそあど」言葉
「こ」…近称（自分に近いもの）
「そ」…中称（相手に近いもの）
「あ」…遠称（自分からも相手からも遠いもの）
「ど」…不定称（遠近が決まっていないもの）

ここ確認

❶ 次の文から人称代名詞をすべて抜《ぬ》き出しなさい。

(1) 私は、彼があなたのお兄さんだとは知りませんでした。

(2)「どなたか一人、手伝ってください。」「僕でもいいですか。」

テストでは

□ A 次の――線部から名詞をすべて選び、記号で答えなさい。

ア あれが私の本です。
イ あの本が私のです。
ウ その人が先生ですか。
エ そのかたが先生ですか。
オ ここに来てください。
カ こう言ってほしい。
キ どんな花が好きですか。
ク どっちに行けばいいですか。

② 代名詞②（指示代名詞）★★

	近称	中称	遠称	不定称
物事	これ	それ	あれ	どれ
場所	ここ	そこ	あそこ	どこ
方向	こちら こっち	そちら そっち	あちら あっち	どちら どっち

※指示代名詞は物事・場所・方向を指し示す代名詞。

〈指示代名詞〉〈人称代名詞〉〈普《ふ》通《つう》名詞〉

例 **これ** は **私** の 絵です。

●「こ・そ・あ・ど」で始まる語には、品詞が名詞と異なるものもあるため注意が必要。

例 その（連体詞）
どう（副詞）
あんなだ（形容動詞）

ここ確認

❷ **次の文の――線部から代名詞をすべて選び、記号で答えなさい。**

(1) ア父が イそちらに ウうかがって エいないでしょうか。

(2) アあそこに あった イコーヒーは ウきみのです。

(3) アこの イ歌を ウ作ったのは エだれですか。

ここ重要

人や物事の名称を直接言わず、指し示すのが代名詞の特徴。

解答

ここ確認

❶ (1)私・彼・あなた (2)どなた・僕

❷ (1)イ (2)ア・ウ (3)エ

テストでは

A ア・エ・オ・ク

これ暗記

まぎらわしい語に注意

●この…連体詞
●こう…副詞
●こんなだ…形容動詞
⇩直後に「が」をつけて主語になるかどうかで判別する。

part1 文法の基礎
part2 単語の分類
part3 敬語
part4 まぎらわしい品詞の識別
part5 文語の文法

12. 動詞 ①

得点UP!

動詞の特徴《とくちょう》は、活用があり、言い切りの形がウ段の音で終わること。確実に覚えておこう。

月　日

① 動詞の働き ① ★★

物事の動作・作用・存在を表す。

例 歩く・聞く

自立語で、単独で述語になる。

例 鳥が飛ぶ。本を読む。

活用がある。(五段・上一段・下一段・カ行変格・サ行変格)

言い切りの形(終止形)がウ段の音で終わる。

●言い切りの形とは、そこで文が切れる形で、辞書などに見出しとして出ている形のことである。終止形や基本形ともいう。

ここ確認

❶ 次から動詞をすべて選び、記号で答えなさい。

ア 休む　イ まあ　ウ 喜ぶ
エ のどかだ　オ 育てる　カ しばらく

テストでは

□ A 次の文から動詞を抜《ぬ》き出しなさい。

吾輩の主人は滅多《めった》に吾輩と顔を合《あわ》せる事がない。

□ B 次の文の動詞を含《ふく》む文節の中から、接続語の働きをしているものを一文節で抜《ぬ》き出しなさい。

吾輩は時々忍《しの》び足に彼《かれ》の書《しょ》斎《さい》を覗《のぞ》いて見るが、彼はよく昼寝《ひるね》をしている事がある。

② 動詞の働き② ★★

単独で述語になるほか、付属語を伴《ともな》っていろいろな文の成文となる。

述語	例 吾輩《わがはい》は 猫《ねこ》で ある。
主語	例 上手に 話す の(付) が(付) いちばん 難しい。
修飾《しゅうしょく》語	例 和彦《かずひこ》は 飛ぶ ように(付) 帰った。
接続語	例 君は、 やれ ば(付) できる 生徒だよ。

- 「話すのが」動詞の連体形＋格助詞「の」＋格助詞「が」
- 「飛ぶように」動詞の連体形＋助動詞「ようだ」の連用形
- 「やれば」動詞の仮定形＋接続助詞「ば」

ここ確認

② **次の――線部の文の成分の種類を答えなさい。**

(1) 忘れ物を取りに帰った。

(2) つらいときは泣けばすっきりするよ。

ここ重要

動詞は付属語を伴って、主語・修飾語・接続語にもなる。

解答

ここ確認 ① ア・ウ・オ ② (1) (連用)修飾語 (2) 接続語

テストでは A 合せる B 見るが

これ暗記

動詞は活用があり、終止形が必ずウ段の音で終わる。

友達と話す。↑ウ段

part1 文法の基礎
part2 単語の分類
part3 敬語
part4 まぎらわしい品詞の識別
part5 文語の文法

13. 動詞②

月　日

得点UP!
五段活用・上一段活用・下一段活用の活用のしかたを確実に覚えよう。

① 五段活用★★★

基本形	語幹／活用形	未然	連用	終止	連体	仮定	命令
書く	書	か こ	き い	く	く	け	け
続く語		ナイ ウ	マス タ・テ	。	コト トキ	バ	。

※五段活用の連用形が「た」「て」などにつくときは音便化する。音便には、次の三種類がある。

① 手紙を書いた。〈イ音便〉
② 本を読んだ。〈撥《はつ》音便〉
③ 本を売った。〈促《そく》音便〉

●ア・イ・ウ・エ・オの五つの段で活用しているので、五段活用という。

●五段活用でも、サ行の段で活用する動詞は音便化しない。
例 本を貸した。

ここ確認

❶次の五段動詞の活用表を完成させなさい。

基本形	語幹／活用形	未然	連用	終止	連体	仮定	命令
鳴る	（ⓐ）	ら・（ⓑ）	り・（ⓒ）	る	る	れ	（ⓓ）

テストでは

□ A 次の動詞の音便の種類を選び、記号で答えなさい。

❶ 笑う　❷ 学ぶ
❸ 泳ぐ　❹ 指す

ア イ音便
イ 撥音便
ウ 促音便
エ 音便なし

□ B 次の――線部の動詞の活用形を答えなさい。

❶ 早く風呂に入れ。
❷ 財布にお金を入れた。
❸ 今日は、だれも居ない。

❷ 上一段活用・下一段活用★★★

活用の種類	基本形	語幹＼活用形	未然	連用	終止	連体	仮定	命令
上一段	起きる	起	き	き	きる	きる	きれ	きろ きよ
下一段	受ける	受	け	け	ける	ける	けれ	けろ けよ
続く語			ナイ ヨウ	マス	。	コト トキ	バ	。

※上一段活用はイ段のみ、下一段活用はエ段のみで活用。

●語幹と活用語尾《ごび》を区別できないものもあるため、注意が必要。

例「見る」
未然形・連用形がともに「み」となり、語幹と区別ができない。
このような場合、活用表の語幹を○とする。

ここ確認

❷次の——線部の動詞の活用の種類と、文中での活用形を答えなさい。

明日早くⓐ起きるために、今日は、早くⓑ寝《ね》ます。

ここ重要

活用のしかたの特徴《とくちょう》をしっかり押《お》さえよう。

解答

ここ確認

❶ ⓐな(鳴) ⓑろ ⓒつ ⓓれ

❷ ⓐ上一段活用・連体形 ⓑ下一段活用・連用形

テストでは

A ❶ウ ❷イ ❸ア ❹エ

B ❶命令形 ❷連用形 ❸未然形

これ暗記

活用形の見分け方

活用の変化を「ナイ・マス・。・コト・バ・命令」と暗記する。

part1 文法の基礎
part2 単語の分類
part3 敬語
part4 まぎらわしい品詞の識別
part5 文語の文法

14. 動詞③

得点UP!

活用の種類を見分けられるようになろう。特に、サ行変格活用(サ変)は見落としやすい。

① 変格活用★★

活用の種類	基本形	語幹＼活用形	未然	連用	終止	連体	仮定	命令
カ変	来る	○	こ	き	くる	くる	くれ	こい
サ変	する	○	し せ さ	し	する	する	すれ	しろ せよ
続く語			ナイ ズ	マス タ・テ	。	コト トキ	バ	。

● カ変動詞「来る」の活用を漢字で表すときは、続く語から読み方を類推することができる。
例 来ない→コナイ
来ます→キマス

ここ確認

❶ 次の動詞からサ変動詞をすべて選び、記号で答えなさい。
ア 来る　イ する　ウ 信じる
エ 研究する　オ 禁ずる

テストでは

□ A 次の――線部の動詞の活用形を答えなさい。
❶ 水が流れない。
❷ 試験に行ってこい。
❸ よく勉強している。
❹ そう思うことが大切だ。

□ B 次の――線部の動詞の活用の種類と活用形を答えなさい。
子犬を育てるときは、成長することも考えよう。

月　日

❷ 動詞の活用の種類の見分け方★★★

五段活用	「ない」をつけると語尾がア段の音になる。	書か《ア》(ア段)ない
上一段活用	「ない」をつけると語尾がイ段の音になる。	起き《イ》(イ段)ない
下一段活用	「ない」をつけると語尾がエ段の音になる。	受け《エ》(エ段)ない
変格活用	カ変は「来る」、サ変は「する」と「～する」の形だけ。	

※活用の種類は五十音図のどの段に活用するかによる。行が違《ちが》っても五段にわたって活用していれば五段活用。例えば「書く」は「カキクケコ」とカ行の五段全部を使う。

●サ変は「する」のほか、動作・作用を表す語をつけた「～する」という複合語も含《ふく》む。

例 練習する　出発する

ここ確認

❷ 次の動詞の活用の種類を右の表から選んで答えなさい。

(1) 植える　(2) 飲む　(3) 過ぎる

ここ重要

カ変・サ変以外の動詞は、あとに「ない」をつけて見分ける。

解答

ここ確認

❶ イ・エ・オ

❷ (1) 下一段活用　(2) 五段活用　(3) 上一段活用

テストでは

A ❶未然形　❷命令形　❸連用形　❹連体形

B 下一段活用・連体形

これ暗記

終止形に直して「～する」になれば、サ変動詞。

15. 動詞④

月　日

得点UP!
自動詞と他動詞を見分けよう。さらに、自動詞・他動詞の書きかえもマスターしよう。

① 自動詞・他動詞★★

自動詞	動作や作用がほかにおよばない。目的語(～を)を必要としない。
他動詞	動作や作用がほかにおよぶ(働きかける)。**目的語**(～を)を必要とする。

〈自動詞〉
例 水が　**出る。**
主語＋述語

〈他動詞〉
例 弟が　水を　**出す。**
主語＋目的語＋述語

●自動詞と他動詞は、対《つい》になっていることが多い。

例 ㊐ ㊎他
開《あ》く ↕ 開ける
流れる ↕ 流す
飛ぶ ↕ 飛ばす

●自動詞「来る」や他動詞「読む」などには、対になるものがない。

ここ確認

❶ **次の動詞から他動詞をすべて選び、記号で答えなさい。**

ア 集まる　イ 集める　ウ 増やす
エ 増える　オ 建てる

テストでは

□ **A 次の動詞から自動詞をすべて選び、記号で答えなさい。**

ア 積もる
イ 残す
ウ 変わる
エ 動く

□ **B 次の自動詞を他動詞に書きかえなさい。**

❶ 消える
❷ 帰る
❸ 負ける

② 可能動詞★

「〜できる」という可能の意味をもっている。

すべて下一段活用の動詞である。

五段活用の動詞から転じたものであるため、可能動詞それぞれに対応する五段活用の動詞がある。

※五段活用の動詞⇩可能動詞〈下一段活用〉

例 泳ぐ⇩泳げる　会う⇩会える
走る⇩走れる　動く⇩動ける
働く⇩働ける　打つ⇩打てる
買う⇩買える　書く⇩書ける

●可能の意味を含《ふく》んでいるため、可能動詞には命令形がない。

●五段活用以外の動詞は、助動詞「られる」をつけて、可能の意味を表す。

例 見＋られる
〈上一段〉〈可能の助動詞〉

ここ確認

② **次の語のうち、可能動詞にできるものをすべて選び、記号で答えなさい。**

ア 切る　イ 解く　ウ 煮《に》る　エ 練習する　オ 働く

ここ重要

可能動詞に転じることができるのは、五段活用動詞のみ。

解答

ここ確認
① イ・ウ・オ
② ア・イ・オ

テストでは
A ア・ウ・エ
B ①消す ②帰す ③負かす

これ暗記

自動詞と他動詞の見分け方

直前に「〜を」(目的語)をつけられれば他動詞。

まとめテスト ❷

□ **1** **次の文の——線部の動詞について、活用の種類と活用形をあとから選び、記号で答えなさい。**

(1) 経験をつめば、上達するよ。
(2) 敬語を用いて話す。
(3) 学ぼうとする強い意欲のある人。
(4) 研究をどんどん進めた。
(5) 勉強するために机を整理した。

《活用の種類》
ア 五段活用　**イ** 上一段活用　**ウ** 下一段活用
エ サ行変格活用　**オ** カ行変格活用

《活用形》
カ 未然形　**キ** 連用形　**ク** 終止形
ケ 連体形　**コ** 仮定形　**サ** 命令形

(1)（　・　）　(2)（　・　）　(3)（　・　）
(4)（　・　）　(5)（　・　）

〔大阪教育大附高―改〕

□ **2** **次の文の——線部の動詞のうち、活用形がほかと異なるものを選び、記号で答えなさい。**

ア 笑いたいときには、笑います。
イ 昨日、先生に出会いました。
ウ 息子を信用しています。
エ それを手放したらもったいないよ。
オ がんばっても、目標には到達しない。

（　）

〔大阪教育大附高(池田)―改〕

□ **3** **次の——線部の動詞の活用の種類と活用形を答えなさい。**

(1) 大きな音がして何かが網《あみ》の中ではねた。
(2) 最後に来たのが弟だった。
(3) 一晩寝《ね》れば、元気になるよ。
(4) 先生の「起きろ」という声がひびく。

〔熊本―改〕

(1)（　・　）　(2)（　・　）
(3)（　・　）　(4)（　・　）

□ **4** **「石灰岩質の山を見れば、そこからセメントが作れると考えたりする」の「作れる」という語について述べた次の文の、（　）Ⓐ・Ⓑにあてはまる適切な言葉を漢字で答えなさい。**

「作れる」は、活用の種類でいえばⒶ（　　）活用の動詞であり、その意味は「作る」という動詞にⒷ（　　）の意味が加わったものとなっている。

〔愛媛〕

□ **5** **次の文を構成している自立語と付属語の数を、それぞれ算用数字で答えなさい。**

学校の校庭では、大きな桜の木が満開の花を咲《さ》かせて、入学式を迎《むか》えた僕《ぼく》たちを祝福している。

自立語（　　）　付属語（　　）

□ **6** **次の文に関する説明として最も適切なものをあとから選び、記号で答えなさい。**

横断歩道を渡《わた》るときは、青信号だからといって油断せずに、左右を一度確認してから渡るようにしましょう。

ア「横断歩道」は、一語の普通《ふつう》名詞である。
イ「とき」は、一語の代名詞である。
ウ「青信号」は、一語の固有名詞である。
エ「ように」は、一語の形式名詞である。

（　　）

考え方

1 基本形に直し、活用の種類を確認する。活用形はあとに続く語に着目する。
2 解答以外は、連用形に活用している。
3 1の考え方を参照。
5 文節に区切ったあと、それだけで意味がわかるかどうかをもとに自立語と付属語を判別する。
6 名詞の種類と特徴《とくちょう》を理解する。

解答

1 (1)ア・コ (2)イ・キ (3)ア・カ (4)ウ・キ (5)エ・ケ 2 オ 3 (1)サ行変格活用・連用形 (2)カ行変格活用・連用形 (3)下一段活用・仮定形 (4)上一段活用・命令形 4 Ⓐ下一段 Ⓑ可能 5 (自立語)13 (付属語)13 6 ア

part1 文法の基礎
part2 単語の分類
part3 敬語
part4 まぎらわしい品詞の識別
part5 文語の文法

16. 形容詞①

① 形容詞の性質と働き★★

- 活用のある自立語。
- 言い切りの形（終止形）が「い」で終わる。
- 物事の性質や状態を表す。
- 単独で修飾語《しゅうしょく》や述語になることができる。

例 青い 空は 美しい。（どちらも形容詞）
〈修飾語〉 〈述語〉

※形容詞の連体形＋「の」＋「が・は・も」の形で主語にもなる。

例 青いの が（主語） 似合う。

●形容詞は、付属語を伴《ともな》って、主語や接続語などになることもできる。また、連文節として主部や接続部にもなる。

〈接続語〉
例 暗いので、はっきりと見えない。

得点UP!

形容詞の活用形では、未然形・連用形がよく出題される。続く語に注目して活用のしかたを押《お》さえよう。

月　日

ここ確認

❶ **次の文から形容詞をすべて抜《ぬ》き出しなさい。**

冬枯《ふゆが》れの木立《こだち》の中を、ひとり寂《さび》しく散歩している姿は、本当に切ないものでした。

テストでは

□ A 次の――線部のうち、形容詞はどれか、記号で答えなさい。

ア 毎日、事故が絶えない。
イ 車がまったく動かない。
ウ まだ、行われていない。
エ 雨は、まだ激しくない。

□ B ――線部の品詞名と活用形を答えなさい。

近くに雷《かみなり》が落ちてとてもこわかった。

② 形容詞の活用★★★

基本形	語幹／活用形	未然	連用	終止	連体	仮定	命令
美しい	美し	かろ	かっ く う	い	い	けれ	／
赤い	赤						
続く語		ウ	タ ナイ ナル	。	トキ コト	バ	／

※形容詞にはウ音便がある。連用形に「存じます」「ございます」が続くときに見られ、その際、語幹の音の一部が「く」から「う」に変化する。

例 うれしく＋存じます→うれしゅう存じます
おもしろく＋ございます→おもしろうございます

● 形容詞の活用は、上の表の一種類のみ。
● 形容詞には、命令形はない。
● **音便** 発音しやすいように、ある音がもとの音と違《ちが》った音で発音されること。

ここ確認

❷ **次の文から形容詞をすべて抜き出し、その活用形も答えなさい。**
この小説は、ぜんぜんおもしろくなかった。

ここ重要

形容詞の未然形は「う」に、連用形は主に「ない・た」に続く。

解答

ここ確認
❶ 寂しく・切ない
❷ おもしろく・連用形
なかっ・連用形

テストでは
A エ
B 形容詞・連用形

これ暗記

形容詞の見分け方 ①
言い切りの形が「〜い」になれば、形容詞。

17. 形容詞②

月　日

得点UP!

複合形容詞を二つの品詞に分けないように注意する。派生語も含《ふく》め構成を覚えておこう。

① 形容詞の構成★

	構成	例
複合形容詞	名詞＋形容詞	例 名高い・力強い
	動詞＋形容詞	例 寝苦《ねぐる》しい・見やすい
	形容詞の語幹＋形容詞	例 青白い・細長い
派生語	接頭語がついたもの	例 か細い・すばやい
	接尾語《せつび》がついたもの	例 男らしい・望ましい

※複合語＝二つ以上の単語が結びついたもの。
派生語＝単語に接頭語や接尾語がついたもの。

●「男らしい人」の「らしい」のように、「〜にふさわしい」という意味の場合は、接尾語。「倒《たお》れているのは、男(である)らしい。」の「らしい」は、推定の助動詞。

ここ確認

❶ **次の文から複合形容詞をすべて抜《ぬ》き出しなさい。**
重苦しい雰囲気《ふんいき》の中で、しだいに心細くなった。

テストでは

□ A **次の形容詞の構成をあとから選び、記号で答えなさい。**

❶ 古くさい
❷ 油っこい
❸ 奥《おく》ゆかしい
❹ そら恐《おそ》ろしい

ア 名詞＋形容詞
イ 動詞＋形容詞
ウ 形容詞の語幹＋形容詞
エ 接頭語がついたもの
オ 接尾語がついたもの

② 形容詞の活用形の主な用法★

語幹の言い切り	例 おお、寒。
語幹＋助動詞「そうだ」	例 登山は楽しそうだ。
連用中止法	例 南国の空は青く、太陽はまぶしい。
終止形＋付属語	例 この本は、おもしろいらしい。

※「南国の空は青く、……。」のように、用言の連用形には、文を途中《とちゅう》で止めてあとに続ける連用中止法という用法がある。

●形容詞の転成
形容詞の語幹に「さ・み・け」がつくと名詞に変わる。これを転成名詞という。
例 寒さ・深み・眠《ねむ》け
また、形容詞の連用形が名詞になるものもある。
例 遠くが見えない。

ここ確認

② 次の文から形容詞をすべて抜き出しなさい。
(1) 薄暗《うすぐら》くなった夕方の路地裏をすばやく駆《か》け抜けた。
(2) 「あっ、痛。」細長い針が指に刺《さ》さってつらそうだ。

ここ重要
名詞に「らしい」がついて形容詞になる語に注意しよう。

解答

ここ確認
❶ 重苦しい・心細く
❷ (1) 薄暗く・すばやく
(2) 痛・細長い・つら

テストでは
A ❶ ウ ❷ オ ❸ ア ❹ エ

これ暗記

形容詞の見分け方 ②
助詞「は」を入れ、「〜は＋ナイ」で意味が通れば形容詞。
●美しく(は)ナイ
●高く(は)ナイ
●細く(は)ナイ

18. 形容動詞 ①

得点UP!
形容動詞「こんなだ」「同じだ」などは、体言に続くとき、通常とは異なり語幹そのものを用いる。

月　日

① 形容動詞の性質と働き★★

活用のある自立語。

言い切りの形（終止形）が「だ・です」で終わる。

物事の性質や状態を表す。

単独で修飾《しゅうしょく》語や述語になることができる。

〈修飾語〉
例 きれいな花。
〈述語〉
彼《かれ》の技術は見事だ。
〈述語〉
私はこのケーキが好きです。

● 付属語を伴《ともな》って、主語や接続語にもなれる。
〈主語〉
例 静かなのがよい。

● 単独で連体修飾《しゅうしょく》語にも、連用修飾語にもなれる。
例 ほがらかな人。
静かに流れる。

ここ確認

❶ 次の文から形容動詞をすべて選び、記号で答えなさい。

ア のどかな春の日に、イ 雄大《ゆうだい》なアルプスの山々を ウ 見ながら、エ 静かに オ 流れる川沿いの道を カ 散歩するのは キ とても ク 健康的だ。

テストでは

□ A 次の語のうち、形容動詞の語幹と考えられるものをすべて選び、記号で答えなさい。

ア 率直《そっちょく》　イ 神秘
ウ 確実　エ 豊富

□ B 次の——線部の品詞名を答えなさい。

❶ 元気がないと、みんなが心配する。

❷ 私はとても元気です。

❷ 形容動詞の活用★★★

基本形	語幹／活用形	未然	連用	終止	連体	仮定	命令
きれいだ	きれい	だろ	だっ で に	だ	な	なら	
正確だ	正確	だろ	だっ で に	だ	な	なら	
愉快《ゆかい》だ	愉快	だろ	だっ で に	だ	な	なら	
静かです	静か	でしょ	でし	です	（です）		
続く語		ウ	タ ナイ ナル	。	トキ コト	バ	

※形容動詞の活用には命令形がない

●「〜だ」と「〜です」の二通りの活用の種類があるため、それぞれの活用のしかたを押《お》さえる。

●「〜です」を「形容動詞の語幹＋助動詞『です』」とする考えもある。

ここ確認 ❷ **次の文章から形容動詞を抜《ぬ》き出し、その活用形も答えなさい。**

この魚、とても新鮮《しんせん》でしょう。今朝釣《つ》ってきたばかりなのよ。

ここ重要 二種類の活用のしかたを混同しないように気をつける。

解答

ここ確認 ❶ ア・イ・エ・ク ❷ 新鮮でしょ・未然形

テストでは A ア・ウ・エ B ❶名詞 ❷形容動詞

これ暗記

形容動詞の見分け方①

言い切りの形が「〜だ」「〜です」になれば、形容動詞。

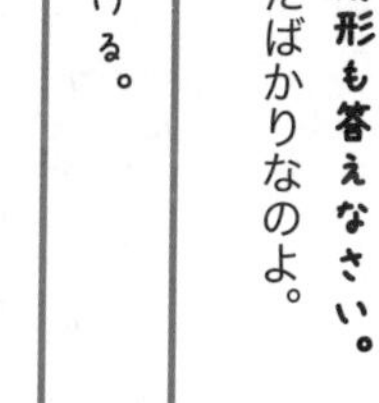

part1 文法の基礎
part2 単語の分類
part3 敬語
part4 まぎらわしい品詞の識別
part5 文語の文法

19. 形容動詞 ②

月　日

得点UP!
語幹の用法(特に言い切り)や仮定形の単独用法を、ほかの品詞と識別できるようにしよう。

① 形容動詞の構成★

派生語の形容動詞	
接頭語がついたもの	例 こぎれいだ
接尾語《せつびご》がついたもの	例 文化的だ(名詞＋) 楽しげだ(形容詞の語幹＋) 健康的だ(形容動詞の語幹＋)
接頭語と接尾語がついたもの	例 おあいにくさまです

※ほかの品詞の語に接尾語をつけることで、形容動詞化することができる。

●名詞＋断定の助動詞「だ」を形容動詞と間違《まちが》えないよう注意する。
例もうすぐ夏だ。〈名詞〉〈助動詞〉
↓直前に「とても」が入る場合は形容動詞。入らない場合は〈名詞＋助動詞「だ」〉。

ここ確認
❶ 次の文章から形容動詞を抜《ぬ》き出しなさい。
ここは病院です。お静かにお願いします。

テストでは

□ A 次の文から形容動詞を抜き出し、その活用形も答えなさい。
❶ 肉が大好きな犬は、骨までなめます。
❷ 男子の組み体操は、見事だった。

□ B 次の――線部の品詞名と活用形を答えなさい。
秋は、斜面《しゃめん》全体が紅葉できれいだろうな。

② 形容動詞の活用形の主な用法★★

用法	例
語幹を言い切りや名詞として用いる。	例 まあ、きれい。快適そのものである。
語幹が「そうだ」「らしい」に続く。	例 元気そうだ。静からしい。
連用中止法	例 森は静かで、不気味だ。
（連用）副詞法	例 水が静かに流れる。
仮定形の単独用法	例 対応が誠実なら（ば）許そう。
終止形＋付属語	例 今はとても平和だが、将来は、わからない。

※（連用）副詞法＝連用形が「〜に」という形のとき、副詞と同様に連用修飾《しゅうしょく》の働きをする。

●形容詞と同様に、形容動詞も「語幹＋さ」の形で名詞になることができる（転成名詞）。

例 たいへんさ
確かさ
新鮮《しんせん》さ

●形容動詞には音便形はない。

ここ確認

② **次の文から形容動詞を抜き出しなさい。**
操作自体はとても簡単そうだ。

ここ重要

形容動詞の語幹は、それだけで述語になることもできる。

解答

ここ確認 ①お静かに ②簡単

テストでは A ①大好きな・連体形 ②見事だっ・連用形
B 形容動詞・未然形

これ暗記

形容動詞の見分け方②

語幹に「な」をつけて体言に続けることができれば、形容動詞。

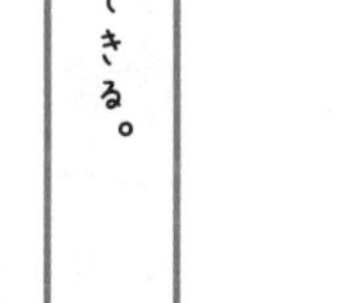

20. 形式用言（補助用言）

得点UP！ 本来の動詞・形容詞と、形式動詞・形式形容詞の区別ができるようになろう。

月　日

① 形式用言（補助用言）の性質★

用言ではあるが、本来の意味が薄《うす》れている。

例 これは本である。
（「本がある。」の「ある」は、存在を表す動詞。）

一つの文節として、主な意味をもつ上の文節に補助的な意味を添《そ》えて連文節を作る。

例 読んで いる。　寒く ない

自立語で活用がある。

活用は、本来の用言と同じである。

● 形式用言が作る連文節は補助の関係になり、主部・述部・修飾《しゅうしょく》部などとして用いられる。

例 鳥が鳴いて／いる。〈述部〉
知って／いる公園。〈修飾部〉

ここ確認

❶ 次の文から形式動詞をすべて抜《ぬ》き出しなさい。

一緒《いっしょ》に遊んでいると、だんだん仲が良くなってくるものです。

テストでは

□ A 次の――線部の中で用法の異なるものを選び、記号で答えなさい。

❶ ア 犬がほえている。
イ 外を歩いている。
ウ 遊んでいる。
エ 犬も猫《ねこ》もいる。

❷ ア 友達がほしい。
イ 自由もほしい。
ウ 本を貸してほしい。
エ 許可がほしい。

② 形式（補助）動詞と形式（補助）形容詞★★

	形式動詞	
動詞＋「て・で」につく。	例 遊んでいる。見ておく。書いてある。待ってやる。会ってくる。	
体言＋「で」につく。	例 学生である。	
形容詞・形容動詞＋「は・も」につく。	例 静かではありません。寒くもある。	

	形式形容詞	
動詞＋「が」につく。	例 早く帰るがよい。	
動詞＋「て」につく。	例 来てほしい。食べてよい。	
形容詞・形容動詞につく。	例 高くない。優《やさ》しくない。静かでない。元気でない。	

●本来の形容詞と形式形容詞

「本がない。」の場合、「ない」は非存在を表す本来の形容詞。「この本は高くない。」の「ない」は、打ち消しを表す補助的な働きをするため形式形容詞。

ここ確認

② **次の文から形式形容詞をすべて抜き出しなさい。**

テストの成績がよくなかったので、もっとがんばってほしい。

ここ重要

形式用言は、性質上、上の文節と切り離《はな》すことができない。

解答

ここ確認 ❶ いる・くる ❷ なかっ・ほしい

テストでは A ❶エ ❷ウ

これ暗記

形式用言の見分け方

もとの意味が薄れ、補助的な働きをしている用言を探す。

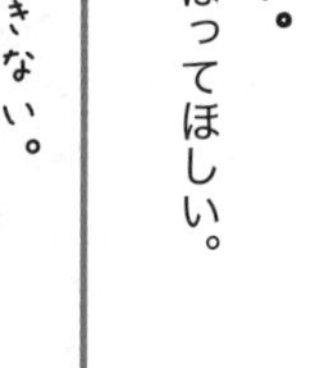

part1 文法の基礎
part2 単語の分類
part3 敬語
part4 まぎらわしい品詞の識別
part5 文語の文法

21. 副詞①

得点UP!
副詞と、形容詞・名詞など形の似たほかの品詞との識別ができるようになろう。

月　日

1 副詞の性質と働き★★

- 自立語で、活用がない。
- 主語にも述語にもならない。
- 主に連用修飾語《しゅうしょく》になる。（用言を修飾する）
- 動作・作用の状態や様子、物事の性質や状態の程度・度合いを表す。

例 今日はたいへん　暑い。
生徒が廊下《ろうか》をゆっくり　歩く。

●「こう・そう」なども副詞。

●名詞との区別
副詞は「が」をつけても主語になれない。
例 今日土曜だ。
すぐ行こう。
↓「今日が土曜だ」といえるので名詞。
「すぐが」とはいえないので副詞。

ここ確認
❶ 次の文から副詞をすべて抜《ぬ》き出しなさい。
彼《かれ》はとても背が高く、かなり恥《は》ずかしがりやです。

テストでは

☐ A 次の――線部から副詞をすべて選び、記号で答えなさい。

ア ずっと昔の話です。
イ その本をください。
ウ ああして強くなるのだ。
エ ああ長い冬だなあ。

☐ B 次の文から副詞をすべて抜き出しなさい。

家の中をこうして歩いているうちに、名案がふと浮《う》かぶこともある。

② 副詞の種類★★★

状態の副詞	主に用言の文節を修飾する。動作・作用の状態や、鳴き声などをくわしく表す。 例 ゆっくり(と)・ついに・ワンワン
程度の副詞	主に用言の文節を修飾する。物事の性質や状態などの程度を示す。 例 かなり・たいへん・少し
陳述《ちんじゅつ》の副詞	受ける文節に決まった言い方を要求する。「呼応の副詞」「叙述《じょじゅつ》の副詞」ともいう。 例 たぶん来るだろう。

●声などを音でまねた言葉を擬音《ぎおん》(声)語、状態などを表した言葉を擬態語といい、ともに状態の副詞に含《ふく》まれる。

〈擬音(声)語〉
例 ガラガラ

〈擬態語〉
例 そよそよ(と)

ここ確認

② **次の文の——線部の副詞の種類を、右の表から選んで答えなさい。**

(1)まるで雪のようだ。　(2)もっと大きな声で話しなさい。

ここ重要

副詞は名詞と同様、活用しない自立語だが、主語にはなれない。

解答

ここ確認
❶ とても・かなり
❷ (1)陳述(呼応・叙述)の副詞 (2)程度の副詞

テストでは
A ア・ウ
B こう・ふと

これ暗記

副詞か形容詞か

●花が美しく散る。
●花がひらひらと散る。
ともに用言を修飾するが、「美しく」は活用するので形容詞、「ひらひら」は活用しないので副詞。

part1 文法の基礎
part2 単語の分類
part3 敬語
part4 まぎらわしい品詞の識別
part5 文語の文法

22. 副詞②

月　日

得点UP!

陳述《ちんじゅつ》の副詞の呼応関係をマスターしよう。擬音《ぎおん》語や擬態語が副詞の中に含《ふく》まれることも覚える。

① 状態の副詞と程度の副詞★★

状態の副詞	動作の状態を表す。	例 英語をゆっくり話す。
	擬音(声)語	犬がワンワンほえる。
	擬態語	風がそよそよと吹《ふ》く。
程度の副詞	状態の程度を表し、副詞や体言を修飾《しゅうしょく》する。	例 かなり信じている。(動詞を修飾) 少し赤い。(形容詞を修飾) とてもきれいだ。(形容動詞を修飾) もっとゆっくり歩け。(副詞を修飾) かなり昔の話です。(体言を修飾)

- 擬音語は片仮名で、擬態語は平仮名《がな》で書くことが多い。
- 状態の副詞は、主に動詞を修飾する。

それぞれの特徴《とくちょう》をしっかり理解しよう

テストでは

□ A 次の――線部が係っている文節を、一文節で抜き出しなさい。

① 私はしばらく川の流れを眺《なが》めてから立ち上がった。

② 下宿の学生たちも、やがて、それぞれの故郷へ帰り、下宿のおばさんはひとりゆっくりと正月を迎《むか》えるのだ。

ここ確認

① 次の文から擬態語を抜《ぬ》き出しなさい。
お人形のような赤ちゃんが、すやすやと眠《ねむ》っている。

② 陳述（呼応・叙述《じょじゅつ》）の副詞 ★★★

意味	語例	決まった言い方
推量	おそらく・たぶん	だろう
打ち消し（否定）	決して・ぜんぜん 少しも・まったく	ない・まい
願望	どうか・どうぞ・ぜひ	ください・たい
たとえ	あたかも・まるで	ようだ
仮定	もし・かりに・たとえ	たら・ても・ば

●陳述の副詞を受けて決まった言い方で結ぶことを、「副詞の呼応」という。

例 決して言わない。
もし雨だったら、大会は中止だ。
あたかも事実のように話す。

ここ確認

② **次の□にあてはまる語を、□の数に合わせて平仮名《がな》で答えなさい。**

(1) 私にはまったくうしろめたいことは□□。

(2) □□失敗しても、気にすることはない。

ここ重要

「ドボンと飛び込《こ》んだ。」の「と」は副詞の一部。

解答

ここ確認 ① すやすやと ② (1) ない (2) もし

テストでは A ① 眺めてから ② 帰り

これ暗記

体言を修飾する副詞

程度の副詞は、場所・方向・時間などを表す体言も修飾する。

part1 文法の基礎
part2 単語の分類
part3 敬語
part4 まぎらわしい品詞の識別
part5 文語の文法

23. 連体詞

得点UP!

連体詞と、動詞・形容詞・形容動詞の連体形を識別できるようにしよう。

① 連体詞の性質★★

自立語で、活用がない。

連体修飾《しゅうしょく》語になる。（体言を修飾する）

主語・述語・被《ひ》修飾語にはならない。

助動詞「ようだ」や助詞「くらい・ほど」に接続することがある。

例 どのようにしますか。
あのくらいの高さ。

● 連体修飾語であっても、主語や述語になったり、活用のあるものは連体詞ではない。

例 春の 花
（名詞＋助詞）
きれいな 花
（形容動詞）

ここ確認

① 次の文から連体詞をすべて抜《ぬ》き出しなさい。

ほんの一粒《ひとつぶ》の種が、やがて大きな木になる。

テストでは

□ **A 次の——線部から連体詞をすべて選び、記号で答えなさい。**

ア 大きな手。
イ 大きい足。
ウ この机は私のです。
エ これは机です。

□ **B 次の文から連体詞をすべて抜き出しなさい。**

たったこれくらいというわゆる気のゆるみが、いろんな事故を起こしている。

月　日

② 連体詞のいろいろ★★★

「―た(だ)」の形	例 たった一本　たいしたものだ　とんだことになった
「―の」の形	例 この人　その家　あの山　かの男　ほんの数分
「―る」の形	例 あらゆる人　来《きた》る三月十日　ある国　いかなる理由
「―な」の形	例 大きな木　おかしな話　小さな手　いろんな国

※漢語が連体詞として使われる場合もある。
例 本《ほん》大会において……。　某《ぼう》テレビ局

●上の分類は単に形から分類したものだが、語尾《ごび》を並べると、「ただ(で)のるな」となる。連体詞を探すとき、利用しよう。

●「―が」の形の連体詞もある。
例 わが友

ここ確認

② **次の文から連体詞をすべて抜き出しなさい。**
あるとき、わが国で、その小さな若者の話が広まった。

ここ重要

指示語の「この・その・あの・どの」は連体詞。

解答

ここ確認
❶ ほんの・大きな
❷ ある・わが・その・小さな

テストでは
A ア・ウ
B たった・いわゆる・いろんな

これ暗記

連体詞の見分け方
連体詞は活用のない自立語で、体言を修飾するが、主語にはならない。

24. 接続詞・感動詞

月　日

得点UP!

接続詞は、文中にあてはめる問題がよく出る。感動詞は、名詞などとの識別や種類が問われる。

① 接続詞の種類★★★

種類	つなぎ方	語例
順接	あとに順当な結果を続ける。	それで・だから
逆接	前後が逆の関係。	しかし・だが
選択《せんたく》	前後のどちらかを選ぶ。	あるいは・または
添加《てんか》	前の内容につけ加える。	さらに・しかも
並立《へいりつ》	対等な関係で並べる。	および・また
転換《てんかん》	話題を変える。	さて・ところで
説明	前の内容を説明する。	なぜなら・ただし

- 自立語で活用がない。
- 語と語、文節と文節、文と文などをつなぐ働きをする。
- 主語・述語・修《しゅう》飾《しょく》語にはならない。

ここ確認

❶ **次の文章から接続詞をすべて抜《ぬ》き出しなさい。また、その種類を右の表から選んで答えなさい。**

外交官または翻訳《ほんやく》家になりたい。すなわち英語を活《い》かした仕事がしたい。

テストでは

□ **A 次の文の――線部の接続詞は、ア順接・イ逆接・ウ並立・エ添加のどれにあたるかを答えなさい。**

❶ 太陽ならびに空気は人間にとって大切なものである。

❷ 犬がいるのにそのうえ猫《ねこ》までもらってきたのか。

□ **B 次の――線部の品詞名を答えなさい。**

おお、これはどうしたことだ。

② 感動詞の種類★

感動	例 あら　まあ　おお　ああ　えっ
応答	例 はい　いいえ　ええ　いや　ああ
呼びかけ	例 もしもし　おい　こら　ねえ
挨《あい》拶《さつ》	例 おはよう　こんにちは　さようなら
かけ声	例 そら　えい　よいしょ　どっこいしょ

※感動詞は、それだけで具体的な完結した表現となるため、一語で一文となることもある。

例 はい。　おはよう。

- 感動詞は独立語であり、ほかの文節と直接、係り受けの関係をもたない。
- 会話文に用いられ、文の最初にくることが多い。
- 文末に感動詞を用いると、文意を強調できる。

ここ確認

❷ 次の文から感動詞をすべて抜き出しなさい。

(1)「あら、こんにちは。お元気ですか。」

(2)「もしもし、聞こえますか。」「はい、聞こえますよ。」

ここ重要

接続詞や感動詞は、「が・は」をつけても主語になれない。

解答

ここ確認

❶ または・選択　すなわち・説明

❷ (1) あら・こんにちは　(2) もしもし・はい

テストでは

A ❶ウ　❷エ

B 感動詞

これ暗記

接続詞は接続語、感動詞は独立語になり、どちらも自立語で活用がない。

まとめテスト③

□ **1** **次の――線部のうち、同じ品詞の語を二つ選び、記号で答えなさい。**

ア かなり大きな池。

イ 花は水に触《ふ》れんばかりに、低く咲《さ》いていた。

ウ 今が盛りなのだ。

エ 丸い水の輪が、ゆらゆらと広がったり、重なって消えたりする。

オ 花のにおいがむうっと流れてきた。

（　・　）〔大阪―改〕

□ **2** **次の文の――線部のうち、品詞がほかと異なるものを選び、またその品詞名も答えなさい。**

ア 荒々しくボールを投げる。

イ 彼女《かのじょ》は少しほほえんでみせた。

ウ 鋭《するど》い質問をする生徒。

エ いつもより楽しかったね。

記号（　）　品詞名（　）〔佐賀―改〕

□ **3** **次の――線部の活用形として最も適切なものをあとから選び、記号で答えなさい。**

① 考えないとこの言葉が何を意味しているのかわからない。（　）

② こういう非論理的な書き方をしているんだということがわかります。（　）

③ 「このお金で○○へ行って××を買ってきてください。」（　）

④ 自分さえ感じがよければそれでいいじゃないかという考えの人も多くなった。（　）

ア 未然形　**イ** 連用形　**ウ** 終止形
エ 連体形　**オ** 仮定形　**カ** 命令形

〔大阪教育大附高〕

□ **4** **「この本が僕《ぼく》の捜《さが》していた本です。」の「この」と同じ品詞のものを次から選び、記号で答えなさい。**

ア そう遠くは、なかろう。

part1 文法の基礎
part2 単語の分類
part3 敬語
part4 まぎらわしい品詞の識別
part5 文語の文法

イ ある地点からの距離《きょり》。

ウ そこにあるペンを取ってください。

エ ただぼんやりと風景を眺《なが》める。　（　　）〔滋賀―改〕

□ **5** **次の――線部のうち、品詞が異なるものを選び、記号で答えなさい。**

ア 密《ひそ》かな悦《よろこ》びがじわじわと湧《わ》いてきた。

イ 決して無駄《むだ》に時を過ごしたとは思わなかった。

ウ 高原状のなだらかな起伏《きふく》が目の前にひらけた。

エ 到着《とうちゃく》後、ただちに準備を始めた。

オ そこでいきなり現れた。　（　　）〔徳島―改〕

□ **6** **次の――線部のうち、「きれいに片付いた部屋」の「きれいに」と品詞が同じものとして最も適切なものを選び、記号で答えなさい。**

ア 彼女は起き上がると、窓の方へゆっくり近づいていった。

イ 店のドアを開けると、聞き覚えのある音楽が流れていた。

ウ 花は、日光を浴びて輝《かがや》いているように見えた。

エ もぎたてで鮮《あざ》やかな色をした野菜を、白い大皿に盛りつけた。　（　　）〔新潟―改〕

□ **7** **「後悔《こうかい》ばかりふくらんで大きくなっていた」から形容詞をそのまま抜《ぬ》き出し、活用形も答えなさい。**

形容詞（　　）　活用形（　　）形　〔岐阜―改〕

□ **8** **「生活者にも好ましいとは限らない」から用言を二つ抜《ぬ》き出し、品詞名も答えなさい。**

（　　・　　）（　　・　　）〔兵庫〕

考え方

1 文の成分としての――線部の働きをヒントにする。 2 イ以外は、形容詞。 3 活用する用言は何かを踏《ふ》まえて考える。 5 ウ以外は、副詞。

解答

1 ウ・オ 2 イ・動詞 3 ①ア ②エ ③イ ④オ 4 イ 5 ウ 6 エ 7 大きく・連用 8 好ましい・形容詞 限ら・動詞

25. 助詞①

月　日

① 助詞の性質と働き★★

付属語で活用がない。

自立語のあとについて、文節の一部になる。

主語・修飾語《しゅうしょく》など、文節と文節の関係を表す。

強調・限定などの意味をつけ加えたり、疑問・禁止などの判断を表したりする。

例 これは（助詞） だれの（助詞） 本ですか（助詞）。
主語　修飾語→述語

● 助詞はその働きによって四つに分類できる。
- ・格助詞
- ・接続助詞
- ・副助詞
- ・終助詞

四つの種類は確実に覚えよう！

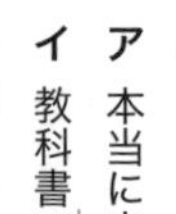

得点UP!

助詞を抜き出す問題やほかの品詞との識別問題がよく出る。助詞の種類もつかんでおこう。

テストでは

□ A 次の文から助詞をすべて抜き出しなさい。

寒かったから、コートを着て外出した。

□ B 次の――線部から、品詞の異なるものを選びなさい。

ア 本当に立派である。
イ 教科書で勉強する。
ウ ボールペンで書く。
エ 校庭で遊ぶ。

ここ確認

① 次の文から助詞をすべて抜き出しなさい。

冬の景色の中に生命の息吹《いぶき》を感じる。

② 助詞の種類★★★

格助詞	主に体言について文節の関係を表す。 例 川が流れる。　花を散らす。
接続助詞	主に活用する語（用言や助動詞）について前後をつなぐ。 例 春が来ると暖かくなる。
副助詞	いろいろな語についてさまざまな意味をつけ加える。 例 海も山も好きです。
終助詞	文の終わりや文節の切れ目について、疑問・禁止・感動・強調などを表す。 例 会場に入るな。　だれですか。

●例えば「と」という助詞は、格助詞にも接続助詞にも含《ふく》まれる。このように複数の種類に共通しているものもあるため、注意が必要である。

ここ確認

② **次の文には助詞がいくつあるか、算用数字で答えなさい。**
春になると山から吹《ふ》く風が、しだいにやわらかくなるよ。

ここ重要

助詞は、どのような語につき、どのような働きをするかに注目。

解答

ここ確認 ❶ の・の・に・の・を　❷ 5

テストでは A から・を・て　B ア

これ暗記

助詞の見分け方

文節に区切り、自立語を除き、残りの付属語のうち活用のないものが助詞。

26. 助詞②

① 主な格助詞① ★★

種類	意味	用例
が	主語	私が書いた手紙。
の	主語 連体修飾《しゅうしょく》語 並立《へいりつ》の関係 体言の代用	私の書いた手紙。 蛍《ほたる》の光。 何のかんのとうるさい。 書くのが早い。
を	連用修飾語	勉強を始める。〈動作の対象〉
に	連用修飾語 並立の関係	父に書いた手紙。〈相手〉 勉強に遊びにがんばる。

●格助詞は、その助詞がついた文節が、ほかの文節に対してどのような資格（関係）であるかを表す。

●体言の代用をする「の」は、「こと」などに置きかえられる。

得点UP!

助詞とほかの品詞の活用語尾《ごび》は混同しやすい。特に「の」の識別には注意しよう。

ここ確認

❶ **次の文から格助詞をすべて抜《ぬ》き出しなさい。**

学校が遠いので、毎日バスを利用します。

テストでは

□ **A 次の――線部の格助詞の用法をあとから選び、記号で答えなさい。**

❶ 気分の悪い人は、いませんか。

❷ もっときれいなのが欲《ほ》しい。

❸ 母の代わりに料理をする。

ア 主語
イ 体言の代用
ウ 連体修飾語

□ **B 次の文から格助詞をすべて抜き出しなさい。**

外食をするより、家で肉と野菜の料理がしたい。

月　日

part1 文法の基礎
part2 単語の分類
part3 敬語
part4 まぎらわしい品詞の識別
part5 文語の文法

❷ 主な格助詞②★

種類	意味	用例
へ	連用修飾語	あっちへ行こうよ。〈方向〉
で	連用修飾語	図書館で勉強する。〈場所〉 おので木を切る。〈手段〉
から	連用修飾語	学校から書類が届く。〈起点〉 疲《つか》れから熱を出す。〈原因・動機〉
より	連用修飾語	肉より魚が好きだ。〈比較の基準〉 そうするより仕方がない。〈限定〉
や	並立の関係	休日は買い物や片付けをする。
と	連用修飾語 並立の関係	友人と出かける。〈相手〉 ごはんとみそ汁《しる》の朝食。

●連用修飾語をつくる格助詞は、上記以外にも、
へ…起着点／相手
で…原因・理由／原料・材料／数量
から…原料・材料
と…変化の結果／引用
などを表す働きがある。

ここ確認

❷ **次の文から格助詞をすべて抜き出しなさい。**
昔から、野球よりサッカーやバスケットボールが好きだ。

ここ重要

格助詞それぞれの意味・用法を一つずつ押《お》さえよう。

解答

ここ確認 ❶ が・を ❷ から・より・や・が

テストでは A ❶ア ❷イ ❸ウ　B を・より・で・と・の・が

これ暗記

格助詞は、その助詞のついた文節がほかの文節とどのような関係をもつかを表す。

27. 助詞③

得点UP!
助詞とほかの品詞の語尾《ごび》との識別や、接続詞との識別に注意しよう。

月　日

① 主な接続助詞① ★★

種類	意味	用例
ば	仮定の順接 確定の順接	見ればわかる。 夜になれば暗くなる。
と	仮定の順接 確定の順接	急がないと遅刻《ちこく》する。 夏になると暑くなる。
ので	確定の順接	疲《つか》れたので休む。
から	確定の順接	疲れたから休む。
ても（でも）	仮定の逆接 確定の逆接	走っても間に合わない。 呼びかけても返事がなかった。
のに	確定の逆接	忘れたいのに思い出す。

●「仮定」はまだ起こっていないことを表し、「確定」はすでに起こったり確実に起こることを表す。

●「ても」が「でも」となるのは、上の語が「ん」（撥《はつ》音便）になる場合である。
ここ確認

❶ 次の文から接続助詞をすべて抜《ぬ》き出しなさい。
遅《おそ》くなっても、電話をくれれば迎《むか》えに行くよ。
テストでは

□ A ――線部の意味・用法を選び、記号で答えなさい。

❶ もう少し行くと着く。
❷ いつも努力している人。
❸ 苦しくてもがんばる人。
❹ 苦しいのにがんばる人。
❺ 歩きながら歌う。
❻ 四月になれば桜が咲《さ》く。

ア 仮定の順接
イ 確定の順接
ウ 仮定の逆接
エ 確定の逆接
オ 動作の並行
カ 補助の関係

② 主な接続助詞② ★

種類	意味	用例
けれど(けれども)	確定の逆接 並立《へいりつ》の関係	悲しいけれど後悔《こうかい》はない。 肉が好きだけれど魚も好きだ。
が	確定の逆接 並立の関係	悲しいが後悔はない。 肉が好きだが魚も好きだ。
し	並立の関係	部屋は広いし、清潔だ。
ながら	確定の逆接 動作の並行	悪いと知りながら繰《く》り返す。 歩きながら考える。
たり(だり)	並立の関係 連用修飾語	歌ったり踊《おど》ったりする。 うそをついたりしない。〈例示〉
て(で)	確定の順接 単純な接続 補助の関係	寒くて動けない。 歩いて見学する。 道が混《こ》んでいる。

●「が・で・と・から」は格助詞にも接続助詞にも含《ふく》まれるため、どのような語についているかに着目する。

●「ながら」は活用する語以外に、体言につくこともある。

〈体言〉
例 子どもながら、しっかりしている。

ここ重要

接続助詞は前後の関係を踏《ふ》まえて意味を考える。

解答

ここ確認
❶ ても・ば

テストでは
A ❶ア ❷カ ❸ウ ❹エ ❺オ ❻イ

これ暗記

「が」の見分け方

●バラが美しく咲く。
(体言+が ⇩ 格助詞)

●美しいがトゲのあるバラ。
(活用する語の終止形 +ば ⇩ 接続助詞)

part1 文法の基礎
part2 単語の分類
part3 敬語
part4 まぎらわしい品詞の識別
part5 文語の文法

28. 助詞 ④

① 主な副助詞 ①★

種類	意味	用例
は	区別 題目	僕《ぼく》は知りません。 きりんは首が長い。
も	並立《へいりつ》 類推	右も左もわからない。 会には僕も参加する。
さえ	類推 添加《てんか》	先生でさえわからない。 寒いうえに、雪さえ降り始めた。
ばかり	程度 限定	五分ばかりかかります。 ごはんばかり食べる。
だけ	限定	父にだけ話した。

● 「題目」とは、ほかと区別せず、「それについて言えば」という意味を表すもの。

● 主語を表す「が」は格助詞だが、「は」は、主語の文節についても副助詞に分類される。

得点UP!

助詞の用法の違《ちが》いを問う問題では、助詞を除いた文と比較《ひかく》して意味を確かめて見分ける。

テストでは

□ A 次の――線部から意味・用法の異なるものを選びなさい。

❶ ア サッカーばかりしている。
イ 二時間ばかり寝《ね》た。
ウ テレビばかり見ている。
エ 遊んでばかりいる。

❷ ア 五時まで働く。
イ 子どもにまで笑われる。
ウ 駅まで歩いて行く。
エ いつまで眠《ねむ》っているの。

ここ確認

❶ 次の――線部の副助詞の意味を、右の表から選んで答えなさい。

大好物でさえのどを通らない。

月　日

② 主な副助詞② ★

種類	意味	用例
こそ	強調	今こそがんばるときだ。
でも	類推 例示	僕でも解けた問題だ。 ラーメンでも食べよう。
ほど	程度	三年ほど前の話だ。
か	不確実	だれかが歩いてくる。
しか	限定	今日しか買えない品。
まで	類推 添加	母にまで怒《おこ》られた。 風まで強く吹《ふ》き出した。
くらい（ぐらい）	程度	宿題は、二時間くらいかかるだろう。
など	例示	売店には野菜なども売っている。

● 「類推」とは、一例を挙げて、ほかのものも同様であると推《お》し量ること。

● 上記以外の意味

ほど…比較《ひかく》する基準

か…並立

まで…時間的・空間的な範囲《はんい》や限度

ここ重要

副助詞は、さまざまな意味を添《そ》える働きをする。

解答

ここ確認 ❶ 類推

テストでは A ❶ イ ❷ イ

これ暗記

主語の文節につく「は」は、格助詞ではなく副助詞。

ぼくは←副助詞

知りません。

29. 助詞⑤

月　日

① 主な終助詞① ★★

種類	意味	用例
か	疑問 反語	明日は晴れるだろうか。 そんなことが許されるものか。
の	疑問	今まで何をしていたの。
ね	念押《お》し 感動	本当にできるんだね。 あら、すてきな靴《くつ》ね。
よ	念押し 勧誘《かんゆう》	集合時間は朝七時だよ。 映画館に行こうよ。
なあ	感動	阿蘇山《あそさん》は大きいなあ。
な	禁止	花壇《かだん》には絶対に入るな。

●「ね」「よ」は文中でも使われるので「間投助詞」とも呼ばれる。
例 私はね、知らないの。

●上記以外の意味
か…勧誘／感動
の…軽い断定
よ…呼びかけ
なあ…願望
な…念押し

得点UP! 終助詞は、それを取り除いても文が一応成立することを覚えておこう。

ここ確認

❶ 次の――線部の終助詞の意味を、右の表から選んで答えなさい。
終わってしまったことを、いつまでもくよくよするな。

テストでは

□ **A** 次の例文と同じ意味・用法のものを、それぞれ選びなさい。

❶ だれがするものか。
ア もう店を出ませんか。
イ 計画したのは君か。
ウ 大丈夫《だいじょうぶ》ですか。
エ 負けるものか。

❷ きれいな夕日だったなあ。
ア 早く遊びたいなあ。
イ あれも欲しいなあ。
ウ みんなで行きたいなあ。
エ 本当においしいなあ。

② 主な終助詞②★

種類	意味	用例
ぞ	強意	よし、がんばるぞ。
とも	強意	うん、いいとも。
や	呼びかけ 軽く言い放つ	花子や、こちらに来なさい。 私はいらないや。
わ	感動	まあ、きれいだわ。
さ	強意 軽く言い放つ	勝つのが当然さ。 どうでもいいさ。
こと	感動	きれいな桜だこと。

- 「や」は、並立の関係を表す格助詞と区別する。
〈格助詞〉例 肉や野菜を買う。
- 「わ」には念押しの意味もある。
例 私がいたしますわ。
- 「こと」は、主に女性が使う。

ここ確認

❷ 次の――線部の終助詞の意味を、右の表から選んで答えなさい。

もちろん興味はある ⓐとも。でも今はこのままでいい ⓑや。

ここ重要

終助詞は述語につくことが多い。

解答

ここ確認 ❶ 禁止 ❷ ⓐ 強意 ⓑ 軽く言い放つ

テストでは A ❶ エ ❷ エ

これ暗記

終助詞は文や文節の終わりをチェックする。

part1 文法の基礎
part2 単語の分類
part3 敬語
part4 まぎらわしい品詞の識別
part5 文語の文法

30. 助動詞 ①

得点UP!

文中から助動詞を抜《ぬ》き出し、その意味を答えさせる問題や、用法の相違《そうい》を問う問題がよく出る。

月　日

① 助動詞の働き★

- 付属語で活用がある。
- 単独では意味をなさない。
- 用言や体言などについていろいろな意味をつけ加えたり判断を示したりする。

※助詞と助動詞の違《ちが》い
助詞…付属語で活用がない。
助動詞…付属語で活用がある。

●助動詞のいろいろな意味

例 兄が来る。
兄が来た。（過去）
兄が来るらしい。（推定）
兄は来ない。（否定）
兄が来たがる。（希望）

ここ確認

❶ 次の――線部から助動詞をすべて選び、記号で答えなさい。

(1) 明日ア は　雪イ が　降るウ そうだ。
(2) 僕《ぼく》ア は　冬休みイ に　南の島ウ へ　行きエ たい。
(3) ア もう　二度イ と　掃除《そうじ》ウ は　さぼるエ まいオ と　思っカ た。

テストでは

□ A 次の文から助動詞をすべて抜き出しなさい。

❶ 先生が、正門のほうから歩いてこられた。
❷ 雨がまったく降らないと、農家は大変です。

□ B 次の文から助動詞を抜き出し、その意味も答えなさい。

さあ、みんなで応援《おうえん》に行こう。

② 助動詞の分類(意味の違い)★★★

意味	種類
受け身／自発／可能／尊敬	れる・られる
使役《しえき》	せる・させる
希望	たい・たがる
断定	だ・です
伝聞／推定・様態《ようたい》	そうだ・そうです
推定	らしい
推定／比喩《ひゆ》／例示	ようだ・ようです
否定(打ち消し)	ない・ぬ(ん)
意志／勧誘《かんゆう》／推量	う・よう
否定の推量／否定の意志	まい
過去／完了《かんりょう》／存続／想起	た(だ)

●推量は「たぶん〜だろう」と想像することを表し、推定は確かな根拠《こんきょ》をもとに「どうも〜らしい」と推測することを表す。

●上記以外の意味と種類
丁寧…ます

ここ確認

❷ 次の――線部の助動詞の意味を、右の表から選んで答えなさい。
私の気持ちが、あなたには届かないようね。

ここ重要

助動詞の意味は、例文の中で覚えていくようにしよう。

解答

ここ確認
❶ (1)ウ (2)エ (3)エ・カ
❷ 否定(打ち消し)

テストでは
A ❶られ・た ❷ない・です
B う・勧誘

これ暗記

助動詞の見分け方
文節に分け、自立語を除き、残った付属語のうち活用のあるもの。

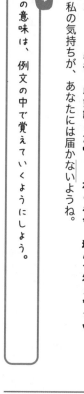

31. 助動詞 ②

月　日

得点UP!
助動詞とほかの品詞とを識別するには、意味だけでなく活用や接続を知ることも大切。

① 助動詞の分類(活用の違《ちが》い)★★

活用	種類
下一段動詞型	れる・られる・せる・させる
五段動詞型	たがる
形容詞型	たい・ない・らしい
形容動詞型	だ・そうだ・そうです・ようだ・ようです
特《とく》殊《しゅ》活用型	た(だ)・ぬ(ん)・です・ます
語形不変型	う・よう・まい

●推定・様態の「そうだ・そうです」は形容動詞と同様の活用型だが、伝聞の意味を表すときは連用形と終止形しかなく、特殊な活用型になる。

ここ確認

❶ 次の(　)の助動詞を適切に活用させなさい。
(1)先生からほめ(られる)ばうれしい。
(2)おもしろ(そうだ)本を貸りる。

テストでは

□ A 次の文の(　)に、「せる」または「させる」を活用させて答えなさい。
❶ 犬にえさを食べ(　　)た。
❷ 病人に薬を飲ま(　　)た。
❸ 好きにさ(　　)ばよい。

□ B ――線部に注意して、次の(　)に動詞を入れた場合の、活用形の名称《めいしょう》を答えなさい。
❶ 明日はどうやら(　　)らしい。

❷ 助動詞の分類(接続の違い)★

接続	種類
未然形に	れる・られる・せる・させる ない・ぬ(ん)・う・よう・まい
連用形に	たい・たがる・ます・た(だ) そうだ・そうです(推定・様態)
終止形に	そうだ・そうです(伝聞)・らしい・まい
連体形に	ようだ・ようです
体言に	らしい・だ・です

● 推定・様態の「そうだ・そうです」は、形容詞・形容動詞の語幹にもつく。
例 冷たそうだ。

ここ確認

❷ 次の――線部に正しくつながるように、(　　)の動詞を活用させなさい。

(1) 彼《かれ》にはいつもヒットを(打つ)れる。
(2) 午後からは雨が(降る)ます。
(3) 明日こそ早く(起きる)よう。

ここ重要

「そうだ・そうです」は意味によって活用・接続が異なる。

---

❷ 絶対に合格(　　)たい。
❸ どうしても(　　)ない。

解答

ここ確認
❶ (1) られれ　(2) そうな
❷ (1) 打た　(2) 降り　(3) 起き

テストでは
A ❶ させ　❷ せ　❸ せれ
B ❶ 終止形　❷ 連用形　❸ 未然形

これ暗記

助動詞の活用・接続の理解は、用言の活用を覚えることから。

32. 助動詞③

① れる・られる★★★

	意味	用例
受け身	ほかから「～される」	例 両親にしかられる。
自発	自然にそうなる	例 当時が思い出される。
可能	「～できる」	例 生《なま》で食べられるもの。
尊敬	相手の動作を敬う	例 先生が来られる。

※動詞の未然形に接続→「れる」は五段・サ変の動詞に、「られる」はそれ以外の動詞に接続。

例 足を踏《ふ》まれる ↓ 五段　犬にほえられる ↓ 下一段

●自発は、特に意識しなくても自然にわきあがってくること。

●上一段活用の動詞「見る」を可能の意にする場合、「れる」ではなく「られる」に接続して「見られる」となる。

得点UP!

どんな意味を添えているのかを前後の部分から読み取って、いろいろな助動詞を見分けよう。

月　日

テストでは

□ **A** 次の文の――線部の助動詞の意味は、ア受け身・イ自発・ウ可能・エ尊敬・オ使役・カ希望のどれにあたるかを答えなさい。

① だれにも触《さわ》らせない。

② 先生が進路について話された。

③ 亡《な》き友のことがしのばれる。

④ 姉にも注意された。

⑤ もっと勉強したい。

⑥ 眠《ねむ》くて起きられない。

ここ確認

① 次の文の――線部「れる・られる」の意味を答えなさい。

(1) 助動詞の分類ぐらい、すぐに覚えられる。

(2) 田舎《いなか》の祖母の容態が案じられる。

② せる・させる(使役《しえき》)★★

せる	例 弟に掃除《そうじ》を手伝わせる。
させる	例 犬にご飯を食べさせる。

※動詞の未然形に接続→「せる」は五段・サ変の動詞に、「させる」はそれ以外の動詞に接続。

③ たい・たがる(希望)★

たい	自分の希望	例 僕《ぼく》は、外国に行きたい。
たがる	他人の希望	例 妹は、海に行きたがる。

●使役とは、自分以外の人や物に動作をさせるという意味。

●「たい・たがる」は、動詞の連用形に接続。

●「たい」は、形容詞の語尾《ごび》である場合もある。

例 重たい(形容詞)

ここ確認

② 次の文から助動詞「せる・させる」「たい・たがる」を抜《ぬ》き出しなさい。

(1)弟に犬の散歩をさせよう。

(2)彼《かれ》は最近、人と話をしたがらない。

ここ重要

「れる・られる」の意味は、受け身・自発・可能・尊敬。

解答

① (1)可能 (2)自発

ここ確認 ② (1)せ (2)たがら

テストでは A ❶オ ❷エ ❸イ ❹ア ❺カ ❻ウ

これ暗記

「せる・させる」と動詞の活用語尾との見分け方

「ない」に置きかえられれば助動詞。

乗せる ⇩ 乗ない×

読ませる ⇩ 読まない○

33. 助動詞 ④

① ぬ・ない ★★★

種類	意味	用例
ぬ(ん)	否定(打ち消し)	ひとことも言わぬ。
ない	否定(打ち消し)	まったく風が吹《ふ》かない。
	依頼《いらい》(相手に頼《たの》む)	少し静かにしてくれない。
	勧誘《かんゆう》(相手を誘《さそ》う)	ねえ、散歩に行かない。

※動詞の未然形に接続。

●依頼や勧誘を意味する「ない」は、会話の中で多用される。否定の意味も含《ふく》め、文脈から判断し、それぞれ見分けていく必要がある。

得点UP!
「ない」は形容詞と区別する問題がよく出る。「う・よう・まい」は用法の違《ちが》いに注意。

テストでは

□ A 次の——線部から助動詞を選びなさい。
ア あまり寒くない。
イ 食べるものがない。
ウ 朝から何も食べない。
エ パンだけの食事は味気ない。

□ B 次の文の——線部と同じ意味で使われているものをあとから選びなさい。
みんなで海に行こうよ。
ア もう帰ろうよ。
イ もう手紙も届いたろう。
ウ よし、勉強しよう。

ここ確認

❶次の文の助動詞「ない」の意味を、右の表から選んで答えなさい。
(1)ねえ、今度一緒《いっしょ》にスケートをしない。
(2)もうだめ、一歩たりとも歩けないわ。
(3)ちょっとだけヒントをくれない。

月 日

❷ う・よう・まい ★★

種類	意味	用例
う・よう	意志	私もがんばって練習しよう。
	勧誘	さあ、みんなで遊びに行こう。
	推量	もうそろそろ食べてもよかろう。
まい	否定の推量	おそらくそこには、だれもいまい。
	否定の意志	もう二度と、けんかはするまい。

※「う・よう」は用言の未然形に、「まい」は終止形(五段活用の動詞)と未然形(五段活用以外の動詞)に接続。

●「う・よう・まい」は語形不変型。
例 登ろうと思う。

●**「まい」の識別**
「(たぶん)だれも行くまい」のように、「たぶん」をつけて意味が通れば否定の推量。

ここ確認
❷ **次の文の助動詞「まい」の意味を、右の表から選んで答えなさい。**
(1) いくら素質があるといっても三年生にはかなうまい。
(2) もうこれ以上他人には迷惑《めいわく》はかけまい。

ここ重要
「う・よう・まい」は語形変化しない助動詞。

エ 明日は晴れるだろう。

解答

ここ確認
❶ (1) 勧誘 (2) 否定(打ち消し) (3) 依頼
❷ (1) 否定の推量 (2) 否定の意志

テストでは
A ウ
B ア

これ暗記
「ない」は、「ぬ」に言いかえることができれば助動詞。

part1 文法の基礎
part2 単語の分類
part3 敬語
part4 まぎらわしい品詞の識別
part5 文語の文法

34. 助動詞 ⑤

月　日

得点UP!
助動詞「だ」やその連用形「で」は、ほかの品詞との違《ちが》いを見分ける問題がよく出る。

① ます・だ・です・た★★

種類	意味	用例
ます	丁《てい》寧《ねい》	夜は、九時には寝《ね》ます。
だ	断定	この男が犯人《はんにん》だ。
です	丁寧な断定	夢は看護師になることです。
た(だ)	過去	昨日、スキーに行った。
	完《かん》了《りょう》	今、家に帰ったところです。
	存続	壁《かべ》にかかった絵を見る。
	想起	そうだ、明日は朝九時集合だった。

※「ます」は動詞の、「た(だ)」は用言の連用形に接続。

●存続とはその状態がずっと続いていること。
例 冷えたミルク

●「た」は動詞の音便化の影響《えいきょう》を受けて「だ」になる。
例 沈《しず》んだ船

●「だ・です」は、動詞・形容詞の終止形に接続。

テストでは

□ **A** 次の文の――線部から意味・用法の異なるものを選びなさい。

ア 彼はもう家に帰った。
イ 乾《かわ》いた雑巾《ぞうきん》でふく。
ウ 今年は風邪《かぜ》が流行した。

□ **B** 次の文の――線部から助動詞を選びなさい。

ア 答えを鉛筆で書いた。
イ 心中はおだやかでない。
ウ 今日は休みではない。

ここ確認

① 次の文から助動詞「だ」が活用した形を抜《ぬ》き出しなさい。
走り高跳《と》びなら、田中君が一番です。

② らしい・そうだ・ようだ★★

種類	意味	用例
らしい	推定	昨日けがをしたらしい。
そうだ そうです	伝聞	とても楽しかったそうだ。
	推定・様態	真っ赤に熟《う》れてうまそうだ。
ようだ ようです	推定	部活には出ないようだ。
	比《ひ》喩《ゆ》	まるで雪の精のようだ。
	例示	彼《かれ》のような人を探していた。

※「らしい」は動詞・形容詞の終止形に、「ようだ・ようです」は用言の連体形に接続。

●「そうだ・そうです」は伝聞の場合、用言の終止形に、推定・様態の場合、動詞の連用形や形容詞・形容動詞の語幹に接続。

●推定・様態は、状態や様子から判断すること。

ここ確認

② 次の――線部の助動詞の意味を、右の表から選んで答えなさい。

(1)来週中に手術をするようだ。 (2)彼女《かのじょ》のほおはりんごのようだ。

(3)鈴木《すずき》さんは交通事故で入院したそうだ。

ここ重要

「まるで〜ようだ」となるときは「比喩」の意味。

解答

ここ確認 ❶ なら ❷ (1)推定 (2)比喩 (3)伝聞

テストでは A イ B ウ

これ暗記

「らしい」の見分け方

●子供らしい服。(〜にふさわしい) ⇩ 接尾語

●犯人は子供らしい。(どうやら〜のようだ) ⇩ 助動詞

まとめテスト④

□ 1 次の文から、助詞と助動詞をそれぞれすべて抜《ぬ》き出しなさい。

断言できないというのがその結論だ。

助詞（　　　）　助動詞（　　　）〔岩手―改〕

□ 2 「練習して持ち上げられるようになった」と同じ意味の「られる」を次から選び、記号で答えなさい。

ア 春の気配が感じられる。
イ 父に作文をほめられる。
ウ だれにでも答えられる。
エ お客様が急に帰られる。

（　　　）〔秋田―改〕

□ 3 「封筒《ふうとう》から手紙を取り出す」の「から」と同じ意味・用法のものを次から選び、記号で答えなさい。

ア バターは牛乳から作られる。
イ 声をかけたのはなつかしさからだ。
ウ 山から涼《すず》しい風が吹《ふ》いてくる。
エ 悲しみから涙《なみだ》があふれる。

（　　　）〔埼玉―改〕

□ 4 「この表現は適切なものではない」の「で」と同じ意味・用法のものを次から選び、記号で答えなさい。

ア このあたりには木で造られた橋が多い。
イ あの絵はすばらしい芸術作品である。
ウ 明日は町の公民館で講演会が開かれる。
エ 雨が降ったので今日の試合は中止だ。

（　　　）〔三重―改〕

□ 5 「見ておかないといけない」の「ない」と同じ意味・用法のものを次から選び、記号で答えなさい。

ア 一度に建てられたわけではない。
イ それは定かでない。
ウ そうではなかったのではないか。
エ 手が届かないところにある。

（　　　）〔鹿児島―改〕

□ **6** ——線部の「の」のうち、①連体修飾語をつくる助詞、②主語を表す助詞をそれぞれ選び、記号で答えなさい。

ア 売場の主任に話しかけた。
イ 熱帯魚の売場なのに、数が少ない。
ウ 動物の好きな人。
エ この本を買って欲しい。
オ 「今もそうなの。」
カ 売っているのを見たい。

①（　　）②（　　）〔東京学芸大附高―改〕

□ **7** 次の例文の「ばかり」と同じ意味のものを次から選び、記号で答えなさい。

何もしゃべらず渡船《とせん》が立てる波ばかり見ている。

ア 五日ばかりたった。
イ まばゆいばかりに輝《かがや》いている。
ウ 昨日会ったばかりだ。
エ あの人の到着《とうちゃく》を待つばかりだ。

（　　）〔愛知―改〕

□ **8** 「母は寒くないのに厚着をした」の「のに」と同じ意味・用法のものを次から選び、記号で答えなさい。

ア わたしのにも、そのスタンプを押《お》してください。
イ この本を読むのに、十日もかかった。
ウ このペンは安価なのに、使いやすい。
エ 肉を切るのに、ナイフを使う。

（　　）〔都立白鷗―改〕

考え方

1 「ない」の識別に注意。「その」は連体詞。2 例文の「られる」は可能の意。3 「から」には格助詞と接続助詞があるが、例文は起点を表す格助詞。4 例文は断定の助動詞「だ」の連用形。**エ**は接続助詞「ので」の一部。5 助動詞「ない」を選ぶ。6 **イ**は助詞「のに」の一部。**エ**は連体詞「この」の一部。7 例文は限定を表す副助詞。**ウ**は、物事の直後であることを表す副助詞。8 逆接の接続助詞「のに」を選ぶ。ほかは格助詞「の」＋格助詞「に」。

解答

1 （助詞）と・の・が　（助動詞）ない・だ　2 **ウ**　3 **ウ**　4 **イ**　5 **エ**　6 ①**ア**　②**ウ**　7 **エ**　8 **ウ**

35. 敬語 ①

part1 文法の基礎
part2 単語の分類
part3 敬語
part4 まぎらわしい品詞の識別
part5 文語の文法

① 敬語の種類★★★

尊敬語	相手を尊敬して言うときに用いる言葉。直接、話題の人物や相手の動作を敬う言葉。
謙譲語《けんじょう》	自分の動作や事柄《がら》をへりくだって言うことで、間接的に相手を尊敬する言葉。
丁寧語《ていねい》	話し手が、聞き手に対して丁寧な気持ちを表す言葉。

※尊敬語か丁寧語かは、相手に対する敬意があるかないかで判断する。

例 ご住所 → 尊敬　ご飯 → 丁寧

● 敬語は、相手を上げるか自分を下げるかで、立場の差をつけて敬意を表す言葉。

● 尊敬語か謙譲語かの判別は、主語に注目する。

例 〈相手〉先生がなさる。（尊敬）

〈自分〉私がいたします。（謙譲）

得点UP!

敬語の種類を問う問題が出されやすい。特に、尊敬語か謙譲語《けんじょう》かの区別を答えるものが多い。

月　日

ここ確認

① 次の――線部の敬語の種類を答えなさい。

お客さんがⓐいらっしゃるので、部屋をきれいに掃除《そうじ》しⓑました。

テストでは

□ A 次の――線部の敬語の種類は、ア尊敬語・イ謙譲語・ウ丁寧語のどれか答えなさい。

① 貴重な本を拝借した。

② 来賓《らいひん》の方々が本校の文化祭をご覧になった。

③ 息子さんも立派になられて安心でございますね。

④ お土産《みやげ》をくださった。

□ B 敬語の三つの種類をそれぞれ漢字で答えなさい。

② 尊敬語★★★

接頭語・接尾《せつび》語	例 ご意見　福沢《ふくざわ》様
尊敬の助動詞	例 校長先生が話をされる。 先生が私の家に来られる。
尊敬の意味を表す特別な動詞・補助動詞や体言	例 食事を召《め》し上がる。 先生が本を読んでいらっしゃる。 どなたですか。
「お(ご)～になる」 「お(ご)～なさる」	例 熱心にお聞きになる。 ご謙遜《けんそん》なさる。

●尊敬の意味を表す特別な動詞にはほかに次のようなものがある。

例 おっしゃる
＝(言う・話す)
くださる
＝(くれる)
ご覧になる
＝(見る)
なさる
＝(する)
など

※尊敬語は二つ以上重ねないようにする。
例 先生様 ×　いらっしゃられる。×

ここ確認

② 次の——線部を、正しい尊敬語に直しなさい。
お客様が、旅行に行ったときの写真を見せてくれました。

ここ重要

相手への尊敬を直接表すのが尊敬語。

解答

ここ確認
❶ ⓐ尊敬語　ⓑ丁寧語
❷ 見せてくださいました

テストでは
A ❶イ　❷ア　❸ウ　❹ア
B 尊敬語・謙譲語・丁寧語

これ暗記

尊敬語の見分け方
文の主語が相手である場合や、話す相手が目上の人である場合は尊敬語。

part1 文法の基礎
part2 単語の分類
part3 敬語
part4 まぎらわしい品詞の識別
part5 文語の文法

36. 敬語 ②

① 謙譲語《けんじょうご》★★★

接頭語・接尾《せつび》語	例 拙宅《せったく》　愚息《ぐそく》　小生《しょうせい》　私ども
謙譲の意味を表す特別な動詞	例 母がそう申しておりました。遠慮《えんりょ》なくいただきます。
「お(ご)〜する」「お(ご)〜いたす」	例 費用をお支払《しはら》いする。ご案内いたします。
謙譲の意味を表す補助動詞	例 お願い申し上げる。案内していただく。

●謙譲の意味を表す特別な動詞にはほかに次のようなものがある。

例 参る ＝(行く・来る)
拝見する ＝(見る)
うかがう ＝(訪れる・行く・聞く) など

得点UP!
普通《ふつう》の表現を敬語に改める問題や、間違《まちが》った敬語の使い方を正しく直す問題がよく出る。

テストでは

□ A 次の文が謙譲表現になるよう(　　)を平仮名五字《ごじ》で埋《う》めなさい。

私は、以前あなたに指摘《してき》して(　　　　)ことを思い出しております。

□ B 次の文の——線部の敬語の誤りを正しく書き直しなさい。

❶ 先生が教室に参られた。
❷ 私もご覧になってよろしいですか。

ここ確認

❶ 次の文から謙譲語を抜《ぬ》き出しなさい。
そのことにつきましては、私が承《うけたまわ》ります。

月　日

② 丁寧語《ていねい》★

接頭語	例 ご飯　お水　お食事
丁寧の意味を表す助動詞	例 外は雨です。また来ます。
丁寧の意味を表す特別な動詞	例 父は会社におります。それはこちらにございます。
丁寧の意味を表す補助動詞	例 私が田中でございます。お世話になっております。

※丁寧語は尊敬語と異なり、相手に対する敬意ではなく、聞き手や読み手に対する敬意を表す。

●「です」「ます」は尊敬語や謙譲語につけて用いられることも多い。

●接頭語「お」や「ご」をつけた丁寧語を、「美化語」と呼ぶことがある。

ここ確認

❷ **次の文から丁寧語をすべて抜き出しなさい。**
父は、来月からお酒もたばこもいっさいやめます。

ここ重要

自分や、自分の身内の動作には謙譲語を用いる。

解答

ここ確認　❶ 承り　❷ お酒・ます

テストでは　A いただいた　B 例 ❶ いらっしゃった　❷ 拝見して

これ暗記

敬語の種類は、その動作をしている人の立場から判断する。

37. 敬語③

月　日

得点UP!

尊敬語と謙譲語《けんじょう》を混同しないよう、特徴《とくちょう》や違《ちが》いをしっかり理解しよう。

① 敬語の使い方① ★★

主語に注意する	主語が相手のときは尊敬語、自分や自分の身内のときは謙譲語。
身内のことは謙譲語で表す	身内のことを第三者に言うとき。 例 母が先生をご案内いたします。
「お(ご)～になる」「お(ご)～なさる」／「お(ご)～する」「お(ご)～いたす」	「お(ご)～になる」「お(ご)～なさる」は尊敬語、「お(ご)～する」「お(ご)～いたす」は謙譲語。
接頭語「お」と「ご」	尊敬語か丁寧語かは、文脈から判断する。 例 先生がお手紙をくださる。(尊敬)

〈相手〉
例 あなたがする。
← あなたがなさる。(尊敬語)

〈自分〉
私がする。
← 私がいたす。(謙譲語)

● 相手からもらったものなので、上記の「お手紙」は尊敬語。

テストでは

□ A 次の X ・ Y にあてはまる動詞を、それぞれ平仮名三字で答えなさい。

「お土産《みやげ》をいただく」の「いただく」は「X」の謙譲語である。また「いただく」は、「Y」の謙譲語として用いられる場合もある。「Y」を尊敬語に改めると「召し上がる」となる。 (京都—改)

ここ確認

❶ (　　)の意味を表す敬語になるように、□に平仮名《がな》を入れなさい。

先生がパンをお□□□□□(食べる)。

② 敬語の使い方②（主な動詞の特別な形）★★

動詞	尊敬語	謙譲語
言う・話す	おっしゃる	申す・申し上げる
行く・来る	いらっしゃる おいでになる お越《こ》しになる	うかがう・参る
いる	いらっしゃる おいでになる	おる
する	なさる	いたす
食べる・飲む	召《め》し上がる	いただく・頂戴《ちょうだい》する
もらう	／	いただく・頂戴する
くれる	くださる	／
やる	／	差し上げる

● ほかにも、「存ずる」「存じ上げる」（思う・知るの謙譲語）などがある。

● 「いただく」を「食べる・飲む」の尊敬語として用いるのは誤り。
例 どうぞいただい（×）てください。

ここ確認

❷ ——線部を、動詞の特別な形を用いた敬語表現に直しなさい。

(1) 先生が私の家に来る。

(2) 先生のお宅に行く。

ここ重要

敬語を使いこなして、相手への敬意を適切に表現しよう。

解答

ここ確認

❶ たべになる

❷ (1) いらっしゃる（おいでになる・お越しになる）

(2) うかがう（参る）

テストでは

A X もらう Y たべる

これ暗記

相手の動作につくのが尊敬語、自分の動作につくのが謙譲語。

まとめテスト⑤

part1 文法の基礎
part2 単語の分類
part3 敬語
part4 まぎらわしい品詞の識別
part5 文語の文法

□ **1** **次から、敬語の使い方として適切なものを選び、記号で答えなさい。**

ア お土産《みやげ》を私たち家族で召し上がりました。
イ 確かに、校長先生の申すとおりでした。
ウ お礼の品を私に差し上げてくれてありがとう。
エ 先生は、ご覧になっていかがでしたか。

（　　）〈沖縄―改〉

□ **2** **次の――線部のうち、敬語の使い方が正しくないものを二つ選び、記号で答えなさい。**

山本さん「私、F中学校二年生の山本と㋐申します。職場体験活動の件でお電話しました。職場体験活動を㋑担当いたします佐藤《さとう》さんはいらっしゃいますか。」
担当者「はい、私が担当の佐藤です。」
山本さん「本日は打ち合わせの日時を確認するために、お電話を㋒差し上げました。ご都合を㋓お聞きになりたいのですが。」
担当者「わかりました。打ち合わせの日時ですが、明日かあさっての午後四時ではいかがでしょうか。」
山本さん「それでは、明日の午後四時に㋔うかがいます。よろしく㋕お願いします。」
担当者「では、気をつけてお越《こ》しください。」

（　・　）〈福島〉

□ **3** **次の場面における敬語の使い方として適切なものをあとから選び、記号で答えなさい。**

場面　海の近くに住む太郎《たろう》君が、遠方に住む父の友人からかかってきた電話に出て話をするとき。

ア「こちらへ参られたときは、ぜひ新鮮《しんせん》な海の幸をいただいてください。」

イ　「こちらへいらっしゃったときは、ぜひ新鮮な海の幸を召《め》し上がってください。」

ウ　「こちらへ来《こ》られたときは、ぜひ新鮮な海の幸をお食べしてください。」

エ　「こちらへ御《ご》訪問されたときは、ぜひ新鮮な海の幸を承《うけたまわ》ってください。」

（　　）〔都立産業技術高専〕

□ **4** **「先生は、確かにそう言われた。」の「言われた」を、文意に合うようにほかの敬語表現に直しなさい。**

（　　）〔岡山県立岡山朝日高―改〕

□ **5** **「先生のお話を聞く。」と「先生のお宅に行く。」の――線部は、共通する一語の敬語に改めることができる。それは何か、平仮名《がな》四字で答えなさい。**

（　　）〔千葉―改〕

□ **6** **「丁寧《ていねい》にお礼を申し上げました。」の「申し上げ」と同じ種類の敬語を次から選び、記号で答えなさい。**

ア　どうぞ召し上がってください。

イ　私も途方《とほう》に暮れております。

ウ　残念ながら存じ上げません。

エ　おっしゃることがよく理解できません。

（　　）〔多摩大目黒高〕

□ **7** **「これまでの経緯《けいい》をうかがいたいと思います。」の「うかがい」と同じ意味で用いられているものを次から選び、記号で答えなさい。**

ア　顔色をうかがう。　イ　お宅にうかがう。

ウ　ご都合をうかがう。　エ　機会をうかがう。

（　　）〔岩手―改〕

考え方

1 2 各敬語表現が尊敬語か謙譲《けんじょう》語かを見分けたあと、その主語との関係を検討する。3 父の友人は、尊敬すべき相手。4 「尊敬を表す特別な動詞＋尊敬の助動詞（れる・られる）」のような、敬語の二重使用は避《さ》ける。

6 7 謙譲語であることを踏《ふ》まえて考える。

解答

1 エ　2 イ・エ　3 イ　4 おっしゃった　5 うかがう　6 ウ　7 ウ

38. ある・か・が

得点UP!
「ある」は品詞、「か」は意味・用法、「が」は接続の違《ちが》いで見分けられる。

① ある(動詞・連体詞)★★

動詞	「存在する」と言いかえられる。	例 町外れに小さな公園がある。(存在する)
連体詞	「存在する」と言いかえられない。	例 ある国で、大きな戦いが起こった。

● 動詞「ある」には形式(補助)動詞も含《ふく》まれる。
例 書いてある。
↓詳細《しょうさい》は形式用言の項(46ページ)を参照。

※動詞「ある」は活用するが、連体詞「ある」は活用しない。

ここ確認

① 次の文の――線部「ある」から、品詞が異なるものを選びなさい。

ア アメリカにはグランドキャニオンという広大な峡谷《きょうこく》がある。
イ カナダは、ナイアガラの滝《たき》がある国としても有名だ。
ウ ヨーロッパの小さな町で、ある有名人に出会った。
エ 机の上にシクラメンの花が飾《かざ》ってある。

テストでは

□ **A 次の文の――線部「か」から、副助詞を二つ選びなさい。**

ア 今度の日曜日はどうしますか。
イ 生きるべきか、死ぬべきか。
ウ そんなことあるもんか。
エ これは何ですか。
オ 何か見えるか。

月　日

② か（副助詞・終助詞）★★

副助詞	さまざまな語につき、選択《せんたく》・不確実の意を表す。	例 あれかこれか迷う。だれか知っているか。
終助詞	文の終わりにつき、疑問・反語などの意を表す。	例 だれか知っているか。

●「調べたが、わからない。」の「が」は、接続詞。単独で文節をつくって主に文の初めにくる。接続助詞の「が」は、単独で文節をつくることができない。

③ が（格助詞・接続助詞）★

格助詞	体言・助詞に接続し、主語を表す。	例 犬がほえている。
接続助詞	活用語に接続し、前後をつなぐ。	例 調べたがわからない。

ここ確認

② **次の文の——線部「が」の助詞の種類を答えなさい。**
春が来たが、まだ寒い日が続いている。

ここ重要

品詞の見分け方として、働きや接続に注目することも大切。

解答

ここ確認 ❶ ウ ❷ 接続助詞

テストでは A イ・オ

これ暗記

格助詞は主に体言に、接続助詞は主に活用語に、終助詞は主に終止形に接続。いろいろな語につくのが副助詞。

39. から・けれど・さえ

得点UP!

「から・けれど・さえ」は同じ品詞の、似た意味をもった語と置きかえて識別しよう。

① から(格助詞・接続助詞)★

格助詞	体言・助詞に接続し、動作・作用の起点などを表す。	例 屋根から飛び降りる。
接続助詞	用言・助動詞の終止形に接続し、確定の順接を表す。	例 落ちたからけがをした。

② けれど(接続詞・接続助詞)★

接続詞	主に文の初めにくる。	例 疲《つか》れた。けれど、進もう。
接続助詞	文節中に含《ふく》まれる。	例 疲れたけれど進もう。

- 接続助詞「から」は、「ので」に置きかえられる。また、直前の語に注目することで、格助詞か接続助詞かの判別も可能。
- 接続詞「けれど」は、「しかし」に置きかえられる。

ここ確認

❶ 次の文の――線部「けれど」は、接続詞と接続助詞のどちらかを答えなさい。

なまこはおいしいよと言われたけれど、とうとう食べられなかった。

テストでは

□ A 次の――線部「から」から接続助詞を選びなさい。

ア 二階の窓から顔を出す。
イ 空から雨が降る。
ウ 雨が降るから植物が育つ。
エ 港から船が出る。

□ B 次の――線部「さえ」の意味を答えなさい。

今年の大雨は、山さえ崩《くず》れるほどだった。

月　日

part1 文法の基礎
part2 単語の分類
part3 敬語
part4 まぎらわしい品詞の識別
part5 文語の文法

3 さえ(副助詞)★★

限定	「だけ」と言いかえられる。	例 テレビさえあれば、満足だ。時間さえあればできる。
添加《てんか》	「まで」と言いかえられる。	例 台風が近づき、雨が降り続いている。強い風さえ吹《ふ》いてきた。
類推	「ほかも同様に～」と考えられる。	例 子供にさえわかること。小学生さえ登れる山。

●限定は「～さえ…ば」の形になることが多い。

●添加とは、「さらにそれまでも」という意味。

●類推とは、一例からほかを推《お》し量ること。

ここ確認

❷ 次の文の――線部「さえ」の意味を、右の表から選んで答えなさい。

(1)そんなことは小さな子でさえ知っている。

(2)大雪が降り、バスだけでなく電車さえ止まった。

(3)カレーライスさえあれば、弟は機嫌《きげん》がいい。

ここ重要

言いかえの基本は、同じ意味・用法をもつ語。

解答

ここ確認 ❶ 接続助詞 ❷ (1)類推 (2)添加 (3)限定

テストでは A ウ B 類推

これ暗記

接続詞と接続助詞の見分け方

単独で文節になっていれば接続詞。

●小さい。けれど、強い。

40. せる・そうだ・だ

得点UP!
同形の識別がよく出るが、語の一部にあたる場合はほかの語に置きかえられない。

① せる（動詞・助動詞）★

助動詞	他者に動作をさせる意味を表す。 例 行かせる　書かせる　読ませる
動詞の一部	サ行下一段動詞の終止形・連体形の一部。 例 乗せる　寄せる　伏《ふ》せる

② そうだ（助動詞）★★

伝聞	ほかから伝え聞く意。終止形に接続。	例 花が咲いたそうだ。
推定・様態	状態や様子から判断すること。連用形などに接続。	例 花が咲きそうだ。

●サ行変格活用の動詞＋助動詞「せる」の形に注意。
例 勉強させる。（「勉強させる」という動詞の一部ではない）

●「そうだ」の意味を見分けるには、接続する語の活用形に注目。

ここ確認

❶ 次の文の——線部「そうだ」の意味を、右の表から選んで答えなさい。
今年の冬はとても寒そうだ。

テストでは

□ A 次の文の——線部「せる」から品詞が異なるものを選びなさい。
ア 弟に掃除《そうじ》をさせる。
イ 犬にご飯を食べさせる。
ウ 妹を買い物に行かせる。
エ 妹に買い物を任せる。

□ B 次の文の——線部「だ」の品詞名を答えなさい。
❶ 将来の夢は教師だ。
❷ この部屋は実に静かだ。

月　日

③ だ（形容動詞・助動詞）★★

断定の助動詞	「〜な」の形で名詞に続かない。	例 これは教科書だ。（教科書な ×）
形容動詞の語尾《ごび》	「〜な」の形で名詞に続く。	例 正月はにぎやかだ。（にぎやかな日々）
過去・完了《かんりょう》・存続・想起の助動詞が濁音《だくおん》化したもの	動詞の音便形＋「だ」	例 舌《した》をかんだ。猫《ねこ》が子供を産んだ。
助動詞の一部	「そうだ」の一部 「ようだ」の一部	例 雪が降りそうだ。手がもみじのようだ。

● 助動詞「た」は、ガ・ナ・バ・マ行五段活用の動詞に接続するとき、音便化した連用形のあとについて「だ」と濁音化する。

例 泳いだ（イ音便）
遊んだ（撥《はつ》音便）

ここ確認

② 次の文の——線部「だ」の意味を、右の表から選んで答えなさい。
尾根《おね》づたいの道は、とてもなだらかだ。

ここ重要

「だ」の識別は頻出《ひんしゅつ》のため、区別できるように。

解答

ここ確認 ① 推定・様態 ② 形容動詞の語尾

テストでは A エ B ①助動詞 ②形容動詞（の語尾）

これ暗記

「体言＋だ」のとき、「だ」を「な」に置きかえられない場合は断定の助動詞。

● 私は歌手だ。

41. で・でも

① で（助動詞・形容動詞・格助詞・接続助詞）★★

断定の助動詞「だ」の連用形	「～な」の形で名詞に続かない。	例 事実でない。（事実な ×）
形容動詞の連用形の語尾	「～な」の形で名詞に続く。	例 静かでない。（静かな場所）
格助詞（場所・手段・原因などを表す）		例 公園で遊ぶ。
接続助詞「て」が「で」と濁音《だくおん》化したもの	動詞の音便形＋「で」	例 遊んでいる。

● 形容動詞と助動詞の「で」は「だ」の形で文を終わらせることができる。

格助詞の場合はさまざまな意味があるよ

得点UP!
「で」は、助動詞「だ」の連用形か、形容動詞の連用形の語尾《ごび》かを問う問題が多い。

テストでは

□ A 次の――線部「で」と同じ働きのものをあとから選びなさい。

兄は医者である。

ア これは薬ではない。
イ 公園で待ち合わせた。
ウ この魚は新鮮《しんせん》である。

□ B 次の――線部「でも」の助詞の種類を答えなさい。

私の父は転んでも、ただでは起きなかったそうだ。

ここ確認

① 次の――線部「で」の用法を、ア助動詞・イ形容動詞・ウ格助詞・エ接続助詞から選んで答えなさい。

一年生はみんな喜んで遠足に出かけた。

月　日

② でも(助動詞・副助詞・接続助詞)★

助動詞「だ」の連用形＋副助詞「も」	体言に接続し、「で」だけでも文意が通る。	例 彼《かれ》は友人であるとともに、命の恩人でもある。
副助詞	「(で)さえ」と言いかえられる。	例 子供でも知っている。(子供でさえ)
接続助詞「ても」が濁音化したもの	動詞の音便形＋「でも」	例 いくら呼んでも気がつかない。

● 「でも、まだ寒い」のように、接続詞の「でも」もある。
● 副助詞「でも」の言いかえには、「たとえば〜でも」と例示を表す場合もある。

ここ確認

② 次の文の――線部「でも」の用法を、ア助動詞＋副助詞・イ副助詞・ウ接続助詞から選んで答えなさい。

(1) 彼女《かのじょ》は作家だが、医者でもある。
(2) 原因の究明は、専門家でも時間がかかる。

ここ重要 「で」・「でも」の直前が動詞の音便形なら接続助詞。

解答

ここ確認 ❶ エ ❷ (1)ア (2)イ

テストでは A ア B 接続助詞

これ暗記 「で」を「な」に置きかえられるときは、形容動詞。
● じょうぶで明るい人。→な ○
● 彼女は姉で、私が妹だ。→な ×

42. な・ない・ながら

① な（助動詞・終助詞・形容動詞・連体詞）★★

断定の助動詞「だ」の連体形	主に体言につく。	例 雨なのに遊ぶ。
助動詞「そうだ」の一部	「そうな」の形。	例 楽しそうな顔。
禁止の終助詞	文の終わりにくる。	例 廊下《ろうか》を走るな。
形容動詞の一部	自立語で、「〜だ」「〜に」と活用できる。	例 静かな湖。
連体詞の一部	自立語で、「〜だ」「〜に」と活用できない。	例 大きな木。

② ない（形容詞・助動詞）★★

形容詞	「は」「も」を直前につけられる。	例 珍《めずら》しくない。
否定の助動詞	「ぬ」に言いかえられる。	例 何も知らない。

● 「十時集合だったよな。」のように念押《お》しを表す終助詞もある。

● 助動詞「ようだ」の一部もある。

● 「おぼつかない」「危ない」のように、一語の形容詞の語尾《ごび》もある。

得点UP! 形容詞か、否定（打ち消し）の助動詞かを問う「ない」の識別は、最も多く出題されている。

月　日

テストでは

□ **A** 次の――線部「ない」と同じ働きのものをあとから選びなさい。

何も食べたくない。

ア 水も飲めない。
イ 料理がおいしくない。
ウ 体が動かない。

□ **B** 次の――線部の品詞名を答えなさい。

① いろんな食べ物。
② 簡単な料理。

ここ確認

① 次の文の――線部の品詞名を答えなさい。

とてもおかしな話を聞いた。

③ながら（接続助詞・接尾語《せつびご》）★

動作の並行《へいこう》を表す接続助詞	「つつ」と言いかえられる。	例 歩きながら考える。食べながら話す。
確定の逆接を表す接続助詞	「のに」と言いかえられる。	例 知っていながら、だれも教えない。
接尾語（副助詞）	「ずっとそのまま」の意味。	例 涙《なみだ》ながらに語る。生まれながらの才能。

●接続助詞の「ながら」は体言にも用言にも接続する。

●「ながら」の識別は、言いかえや意味の違《ちが》いを手がかりにする。

ここ確認

❷ 次の文の――線部「ながら」の用法を、ア並行を表す接続助詞・イ逆接の接続助詞・ウ接尾語から選んで答えなさい。

(1) 実力がありながら負けてしまった。
(2) 妹が泣きながら走ってきた。
(3) 昔ながらの町並みを保存する。

ここ重要
活用の有無や言いかえを識別の手がかりにしよう。

解答

ここ確認
❶ 連体詞
❷ (1) イ　(2) ア
(3) ウ

テストでは
A イ
B ❶ 連体詞
❷ 形容動詞

これ暗記
形容詞と助動詞の「ない」
自立語である形容詞は「ない」で一文節だが、助動詞「ない」はそれだけで一文節になれない。

part1 文法の基礎
part2 単語の分類
part3 敬語
part4 まぎらわしい品詞の識別
part5 文語の文法

43. に・らしい・また

月　日

得点UP!
「に」はまずは活用の有無を調べ、「らしい」は、意味の違《ちが》いから判断する。

① に（形容動詞・助動詞・副詞・助詞）★★

形容動詞の連用形の語尾《ごび》	「〜だ」「〜な」と活用できる。	例 元気に遊ぶ。（元気な ○）
助動詞「そうだ」「ようだ」の連用形の語尾		例 楽しそうに見える。魚のように泳ぐ。
副詞の一部	「〜だ」「〜な」と活用できない。	例 すでに終えた。（すでだ ×）
格助詞	主に体言につく。	例 駅に行く。
接続助詞「のに」の一部	「けれど」と言いかえられる。	例 言いたいのに言えない。

●副詞にはほかに、「すぐに」「ただちに」などがある。

まずは「に」が活用できるか
どうか考えてみよう

テストでは

□ A 次の文の――線部の用法として最も適切なものをあとから選び、記号で答えなさい。

❶ 自分らしい生き方を探す。
❷ 明日は雨らしい。
❸ いじらしい様子に涙《なみだ》する。

ア 助動詞　イ 接尾語
ウ 形容詞の一部

ここ確認

❶ 次の文の――線部「に」の用法を、右の表から選んで答えなさい。
寝《ね》たら楽になった。

❷ らしい（形容詞・助動詞・接尾語）★★

形容詞の一部	「愛らしい」「いじらしい」など。	例 あたらしい服。すばらしい経験。
助動詞	推定の意味。「どうやら〜のようだ」。	例 彼《かれ》はまだ中学生らしい。
接尾語	「〜にふさわしい」の意味。	例 中学生らしい服装。

❸ また（接続詞・副詞）★

接続詞	前後をつなぐ働きをする。	例 彼は夫であり、また父でもある。
副詞	修飾語になる。	例 雨がまた降り出す。

● 副詞の「また」は「再び」「同じく」と言いかえることができる。

● 「また」には「間接的な」という意味の接頭語もある。

例 また貸し　また聞き

ここ確認

❷ **次の——線部「また」の品詞名を答えなさい。**

彼女《かのじょ》は英語を話す。また、ドイツ語も話す。

ここ重要

単語の一部や活用語尾に注意しよう。

解答

ここ確認　❶ 形容動詞の連用形の語尾　❷ 接続詞

テストでは　A ❶ イ　❷ ア　❸ ウ

これ暗記

まぎらわしい語の識別は、意味の違い・活用・接続・言いかえを手がかりにする。

まとめテスト⑥

□ **1** 次の——線部「ある」から、ほかと用法の異なるものを選び、記号で答えなさい。

ア 村がある。　イ 印象がある。
ウ 喜びはある。　エ 事実である。（　　）〈山形―改〉

□ **2** 「この道は安全でない」の「で」と同じ意味・用法のものとして最も適切なものを次から選び、記号で答えなさい。

ア お互《たが》いの意志を伝え合うのは言葉である。
イ 今日は図書館へは行かないで家で勉強する。
ウ このあたりは静かで考え事をするのに適している。
エ 遠くでかすかに花火の音が聞こえる。
（　　）〈都立国立高―改〉

□ **3** 「私の一番好きなスポーツは卓球だ」の「だ」と同じ意味・用法のものとして最も適切なものを次から選び、記号で答えなさい。

ア この先にケーキのおいしいお店があるんだ。
イ 幼いころに私は夢中になってこの本を読んだ。
ウ 近くの公園の池で私たちはボートをこいだ。
エ 今年も神社の境内《けいだい》の桜がたいへんきれいだ。
（　　）〈栃木〉

□ **4** 「その試みは無謀《むぼう》とさえいえよう」の「さえ」と同じ意味・用法のものとして最も適切なものを次から選び、記号で答えなさい。

ア 風が強くなるだけでなく雨さえ降ってきた。
イ 私は、君さえいれば安心だ。
ウ 彼《かれ》は後ろを見ようとさえしない。
エ 落ち着きさえすれば大丈夫《だいじょうぶ》だよ。（　　）〈大阪―改〉

□ **5** 「私は、美しい絵画に見とれていた」の「に」と同じ意味・用法のものとして最も適切なものを次から選び、記号で答えなさい。

ア 彼は部屋をきれいに片づけた。
イ その花は雪のように白かった。
ウ 彼女《かのじょ》が乗ったバスはすでに出発した。
エ 彼は最新の科学技術に触《ふ》れた。

（　　）〔高知〕

□ **6** **「それはほとんどありそうにないことだ」の「そうに」と同じ意味・用法のものとして最も適切なものを次から選び、記号で答えなさい。**

ア そうだ、君に本を借りたままだよ。
イ 午後から雨になるそうだ。
ウ もちろんそうではない。
エ 時間がかかりそうである。

（　　）〔大阪教育大附高（池田）―改〕

□ **7** **「声をかけることができない」の「ない」と同じ意味・用法のものとして最も適切なものを次から選び、記号で答えなさい。**

ア 応援《おうえん》したくはない。　イ 考えると切ない。
ウ 聞いたことがない。　エ 行かねばならない。

（　　）〔香川〕

□ **8** **「どこから流されてきたのだろう」の「から」と同じ意味・用法のものとして最も適切なものを次から選び、記号で答えなさい。**

ア このココアは熱いから気をつけて飲んでください。
イ やると決めたからには、最後までやり遂《と》げよう。
ウ 自宅から市役所まで歩くと二十分以上かかります。
エ 豆腐《とうふ》を始め、大豆から作られる食品は多くある。

（　　）〔新潟〕

考え方

1 動詞と形式動詞の区別。2 形容動詞の活用形の語《ご》尾《び》。3 断定の助動詞「だ」。過去・完了《かんりょう》などを表す助動詞「た」の濁音《だくおん》化したものと区別する。4 類推の「さえ」。5 格助詞「に」。**イ**は助動詞「ようだ」の活用形の語尾。**ウ**は副詞「すでに」の一部。6 推定・様態の助動詞「そうだ」。**ア**は感動詞、**ウ**は副詞「そう」＋断定の助動詞「だ」。8 起点を表す格助詞「から」。

解答

1 エ　2 ウ　3 ア　4 ウ　5 エ　6 エ　7 エ　8 ウ

44. 動詞

得点UP!

文語の活用の特徴《とくちょう》は、已然《いぜん》形がある(仮定形がない)ことと、活用の種類が多いことである。

月　日

① 動詞の活用★★

活用の種類＼活用形	基本形	未然	連用	終止	連体	已然	命令
四段	書く (書)	か	き	く	く	け	け
上一段	見る	み	み	みる	みる	みれ	みよ
下一段	蹴《け》る	け	け	ける	ける	けれ	けよ
上二段	起く (起)	き	き	く	くる	くれ	きよ
下二段	答ふ (答)	へ	へ	ふ	ふる	ふれ	へよ
続く語		ズ	タリ	。	トキ	ドモ	。

● 下一段活用は「蹴る」のみ。

● 上一段活用は「着る・似る・煮《に》る・干《ひ》る・見る・射《い》る・鋳《い》る・居《ゐ》る・率《ゐ》る」などで数は少ない。しっかりと覚えていこう。

テストでは

□ A 次の——線部の動詞の活用形を答えなさい。

❶ 命あるものを見るに……。

❷ 夏の蝉《せみ》の春秋を知らぬ……。

□ B 次の動詞の活用の種類を答えなさい。

❶ 四十に足らぬほどにて……。

❷ 死なんこそ……。

ここ確認

❶ 次の——線部の動詞の活用の種類と、活用形を答えなさい。

わが袖《そで》に宿る月さへ濡《ぬ》るる顔なる……。

② 動詞の変格活用（カ行・サ行・ラ行・ナ行）★

活用の種類	基本形	未然	連用	終止	連体	已然	命令
カ変	来《く》	こ	き	く	くる	くれ	こ・こよ
サ変	す	せ	し	す	する	すれ	せよ
ラ変	侍り（侍）	ら	り	り	る	れ	れ
ナ変	死ぬ（死）	な	に	ぬ	ぬる	ぬれ	ね
続く語		ズ	タリ	。	トキ	ドモ	。

※カ変・サ変は一種類だが複合語に注意。例 出《い》で来《く》　愛す

※ラ変は「あり・をり・侍《はべ》り・いますがり」、ナ変は「死ぬ・往《い》ぬ」。

●ほかの活用の見分け方

否定の「ず」をつけて活用語尾《ごび》の音をみる。

ア段…四段（書か《ア》ず）

イ段…上二段（起き《イ》ず）

エ段…下二段（受け《エ》ず）

ここ確認

② 次の――線部の動詞の活用の種類を答えなさい。

(1)家にあらば母取り見まし…。

(2)殿上人《てんじやうびと》にまりけさせてご覧ずる…。

ここ重要

動詞の活用は九種類。変格活用や下一段活用は覚える。

解答

ここ確認

① 四段活用・連体形

② (1)ラ変（ラ行変格活用）

(2)下一段活用

テストでは

A ①連体形 ②未然形

B ①四段活用 ②ナ変（ナ行変格活用）

これ暗記

仮定条件と確定条件の見分け方

●動詞の未然形＋ば＝仮定条件「もし～すれば」。

●動詞の已然形＋ば＝確定条件「～したので」。

part1 文法の基礎
part2 単語の分類
part3 敬語
part4 まぎらわしい品詞の識別
part5 文語の文法

45. 形容詞・形容動詞

得点UP!

文語では、形容詞・形容動詞の活用にも命令形があり、活用もそれぞれ二通りある。

月　日

① 形容詞の活用★

活用の種類	基本形＼活用形	未然	連用	終止	連体	已然《いぜん》	命令
ク活用	深し（深）	く から	く かり	し	き かる	けれ	かれ
シク活用	美し（美）	しく しから	しく しかり	し	しき しかる	しけれ	しかれ
続く語		ズ ム バ	ナル ケリ キ	。	トキ ベシ	バ ドモ	。

●文語では形容詞の終止形の語尾《ごび》は「し」で終わる。

●形容詞は接尾語《せつび》「み・げ・さ・ら」を伴《ともな》って名詞となる場合がある。

例 繁《しげ》み　清《きよ》げ　悲しさ　清ら

テストでは

□ A 次の——線部の形容詞の活用形を答えなさい。

① 悔《くや》しき事の多かるかな。

② 命長ければ恥《はぢ》多し。

③ 人の亡《な》きあとばかり悲しきはなし。

□ B 次の——線部の語の品詞名を答えなさい。

① ほそやかにそびえて、……。

② 岸うつ浪《なみ》も茫々《ばうばう》たり。

③ うつくしきもの。

ここ確認

① 次の——線部の形容詞の活用形を答えなさい。

霜《しも》のいと ⓐ白きも、またさらでもいと ⓑ寒きに、火など急ぎおこして、炭もて渡《わた》るもいと ⓒつきづきし。

② 形容動詞の活用★

活用の種類	基本形／活用形	未然	連用	終止	連体	已然	命令
ナリ活用	静かなり（静か）	なら	なり に	なり	なる	なれ	なれ
タリ活用	悠々たり（悠々）	たら	たり と	たり	たる	たれ	たれ
続く語		ズ ム バ	ナル ケル シテ	。	トキ ベシ	バ ドモ	。

● 文語では形容動詞の終止形の語尾は「なり」「たり」となる。

● 形容動詞は接尾語「さ」をつけて名詞をつくる。

例 華《はな》やかさ　あはれさ

ここ確認

② 次の――線部の形容動詞の活用形を答えなさい。

このちごのかたちきよらなること世になく……。

ここ重要

形容詞・形容動詞とも活用の種類が二種類ある。

解答

ここ確認

❶ ⓐ連体形　ⓑ連体形　ⓒ終止形

❷ 連体形

テストでは

A ①連体形　②已然形　③連体形・終止形

B ①形容動詞　②形容動詞　③形容詞

これ暗記

ク活用かシク活用か

直後に仮定の「ば」をつけて判別。

「長くば」⇩ク活用

「美しくば」⇩シク活用

part1 文法の基礎
part2 単語の分類
part3 敬語
part4 まぎらわしい品詞の識別
part5 文語の文法

46. 音便

得点UP!
「音便」は、動詞・形容詞・形容動詞が特定の語と連なったとき起きることに注意する。

月　日

① 動詞の音便形★

イ音便	例 おはしましたり → おはしまいたり　落として → 落といて
ウ音便	例 言ひて → 言うて　頼《たの》みたり → 頼うだり
撥《はつ》音便	例 摘《つ》みたる → 摘んだる　死にて → 死んで
促《そく》音便	例 放ちて → 放つて　取りて → 取つて

※四段・ナ変・ラ変の動詞の連用形が「て」「たり」などに連なるとき起きる。

● 音便とは発音の便宜《べんぎ》上、起こる変化のこと。
● 音便にはその単語のみに起こる場合もある。
例 透垣《すいがい》・后宮《きさいのみや》
つかうまつる
掻《か》い調ぶ

ここ確認

❶ 次の――線部の語を終止形に直しなさい。
(1) かまへて人に悟《さと》られ給《たま》ふな、せいて事を仕《し》損《そん》ずな。
(2) ただいま、ののしる人にこそあんめれ。

テストでは

□ A 次の文から音便化している語をすべて抜き出し、品詞名も答えなさい。
❶ 他事にいひなし給うつ。
❷ 年ごろの御心《みこころ》ばへのあはれなめりしなども……。
❸ うちとけず苦しいことにおぼいたり。

② 形容詞の音便形★

イ音便	「〜き・しき」が、体言や助詞「かな」に連なるとき。 例 若き人 → 若い人
ウ音便	「〜く・しく」が、用言や「て・して」に連なるとき。 例 恐《おそ》ろしくて → 恐ろしうて
撥音便	「〜かる・しかる」が、「なり・めり」に連なるとき。 例 等しかるなり → 等しかんなり

③ 形容動詞の音便形★

撥音便	連体形「〜なる」が、「なり・めり」に連なるとき。 例 おかしげなるめる → おかしげなんめる

● 形容詞の音便は連用形・連体形にあらわれる。
● 形容動詞の音便形は撥音便のみで、撥音「ん」を表記しないことが多い。
例 をかしげな(ん)める

ここ確認

② 次の文から音便化している語を抜《ぬ》き出しなさい。
下草の龍胆《りんだう》はさすがなんめり。一品の宮と聞《きこ》えむ……。

ここ重要

音便を探す場合は、「い・う・つ・ん」に注目しよう。

解答

ここ確認
❶ (1) せく (2) あり
❷ さすがなん

テストでは
A ❶ 給う・動詞
❷ あはれな・形容動詞
❸ 苦しい・形容詞
おぼい・動詞

これ暗記

形容詞・形容動詞の連体形に、推定の助動詞「なり・めり」がつくとき、撥音便化する。
● 多かるめり → 多かんめり

47. 助動詞・助詞と係り結び

得点UP!

助動詞は基本形に直せるようにする。係り結びは、係助詞と文末の変化で見極めよう。

月　日

① 主な助動詞★★

意味	種類	用例
受け身／自発 尊敬／可能	る・らる	いかなる所にも住まる。教えらるるもをかし。
使《し》役《えき》／尊敬	す・さす・しむ	二人をいのらしむ。
過去	き・けり	心なかりけり。
完《かん》了《りょう》	つ・ぬ・たり・り	果たしはべりぬ。
打ち消し(否定)	ず	声高に物もいはせず。
推量	む・らむ・けむ・べし	のどかに聞こえむ。
打ち消しの推量 打ち消しの意志	じ・まじ	おもしろき物はあらじ。ただ今は見るまじ。
断定	なり・たり	これは蓬莱《ほうらい》の山なり。
伝聞／推定	なり	静まりぬなり。
希望	たし・まほし	先達《せんだつ》はあらまほしき。
比《ひ》況《きょう》	ごとし	花の散るがごとし。

● 上記以外の種類と意味

けり…詠嘆《えいたん》
たり・り…存続
む…意志
べし…意志／当然
むず…推量／意志
らし・めり…推定
まし…反実仮想
（もし～ならば…だろうに）　など

テストでは

□ A 次の——線部の助動詞の意味を、ア受け身・イ可能・ウ使役・エ完了・オ断定・カ希望から選びなさい。

① 物縫《ぬ》わせごとさす。
② 清盛公、いまだ安芸守《あきのかみ》たりし時、……。
③ 風につけて知らぬ国に吹《ふ》き寄せられて……。
④ 起きては寝《ね》たく……。
⑤ 「花散りぬ」と嘆《なげ》く……。
⑥ よに忘られず……。

② 助詞★★

格助詞	主として体言につき、文中での関係を表す。 例 が・の・を・に・にて・より
接続助詞	用言や助動詞につき、下の語に接続する。 例 とも・ど・ども・して・ものの・ものを
副助詞	いろいろな意味を添える。 例 だに・すら・さへ・し
係助詞	強意・疑問・反語の意を添える。受ける文節に一定の結び方を要求する。
終助詞	文末にあり、希望・禁止・詠嘆を表す。 例 な・そ・かも・も・かな・ばや

③ 係り結び★★★

結び	係助詞	意味	用例
連体形	ぞ・なむ	強意	～とぞ言ひける
	や・か	疑問・反語	風の宿りはたれか知る
已然《いぜん》形	こそ	強意	好きこそものの上手なれ

● 格助詞「が」は主語のほか、連体修飾語《しゅうしょく》や同格を表す。

例 太刀《たち》が緒《を》〈同格〉

● 古文では助詞を省略することが多く、訳すときには補う必要がある。

例 竹取の翁《おきな》といふ者(が)ありけり。(竹取の翁という者がいました。)

ここ重要
格助詞の「が・を・の」などは省略されることが多いので注意。

解答
テストでは
A ❶ウ ❷オ ❸ア ❹カ ❺エ ❻イ

これ暗記
係り結びの法則
「ぞ・なむ・や・か・こそ」があると、結び(文末)が連体形または已然形に決まる。

まとめテスト⑦

□ **1** 「関東は水悪《あ》しくて、筆の勢ひ伸《の》びがたき由《よし》」の——線部を現代語に直したときに、「水」のあとに補う助詞として最も適切なものを次から選び、記号で答えなさい。

ア に　**イ** を　**ウ** が　**エ** で

（　　）〔石川〕

□ **2** 「相模守時頼《さがみのかみときより》の母は、松下禅尼《まつしたぜんに》とぞ申しける」（兼好《けんこう》法師「徒然草《つれづれぐさ》」）に見られる表現として最も適切なものを次から選び、記号で答えなさい。

ア 掛詞《かけことば》　**イ** 対句《ついく》　**ウ** 体言止め　**エ** 係り結び

（　　）〔京都〕

□ **3** 次の文の——線部A・Bの意味の組み合わせとして最も適切なものをあとから選び、記号で答えなさい。

大崎《おほさき》の浜、田島《たじま》といふ方は、うち煙《けぶ》りたるやうにて、曙《あけぼの》の空のどかにて、波の音も聞こえ(A)ぬほどなり。蘆辺《あしべ》の鶴《たづ》の明け(B)ぬと鳴く声のどかなり。

ア A 聞こえた　B 明けた
イ A 聞こえた　B 明けない
ウ A 聞こえない　B 明けた
エ A 聞こえない　B 明けない

（　　）〔大阪〕

□ **4** 次の①・②の文の——線部を、それぞれ終止形に直しなさい。

① 親を具して返りて養ひけり。
② 父を戒《いまし》めたる孝養《けうやう》の名、天下に聞こえき。

①（　　）②（　　）〔十文字高〕

□ **5** 次の文の——線部「の」には、「〜の」という意味で用いられているものと、「〜が」という意味で用いられているものとがある。ⓐ〜ⓓをこの二つに分けるとき、分け方として最も適切なものをあとから選び、記号で答えなさい。

村上ⓐの前帝《ぜんだい》ⓑの御時《おほんとき》に雪ⓒのいみじう降りたりけるを、様器《やうき》に盛らせ給《たま》ひて、梅ⓓの花をさして……。

ア ⓐⓑⓒは「〜の」・ⓓは「〜が」
イ ⓐⓑⓓは「〜の」・ⓒは「〜が」
ウ ⓑⓒⓓは「〜の」・ⓐは「〜が」
エ ⓐⓑは「〜の」・ⓒⓓは「〜が」
オ ⓐⓒは「〜の」・ⓑⓓは「〜が」

（　　）〔高田高〕

□ **6** **「ある在家人《ざいけにん》の、……徳もありけるが、虫の食ひたる歯を取らせむとて、唐人《たうじん》がもとに行きぬ」（「沙石集《しゃせきしゅう》」）の――線部の意味として最も適切なものを次から選び、記号で答えなさい。**

ア 唐人が在家人のもとに行った
イ 唐人は在家人のもとへ行かなかった
ウ 在家人が唐人のもとに行った
エ 在家人は唐人のもとへ行かなかった

（　　）〔秋田〕

□ **7** **「物の具もみなとられはてて、いみじうなりにけり」の「れ」の意味と同じものとして最も適切なものを次から選び、記号で答えなさい。**

ア 四月に転任された二人の先生方をお招きする。
イ 車なら十分で行かれる。
ウ 子どものころが思い出される。
エ 名誉《めいよ》会員に推《お》される。

（　　）〔國學院高〕

考え方

1 「水」は「悪しくて」の主語。 2 「ぞ〜ける」の形。 3 Aの「ぬ」は打ち消し（否定）の助動詞「ず」の連体形で、Bは完了《かんりょう》の助動詞「ぬ」の終止形。 4 動詞の終止形はウ段の音で終わる。 5 連体修飾《しゅうしょく》語を表す「の」と主語を表す「の」を区別する。 6 ――線部の「が」は連体修飾語を表す格助詞で、「ぬ」は完了の助動詞。 7 受け身の助動詞「れる」を選ぶ。

解答

1 ウ 2 エ 3 ウ 4 ①養ふ ②戒む 5 イ
6 ウ 7 エ

装丁デザイン　ブックデザイン研究所
本文デザイン　京田クリエーション
イラスト　ウネハラユウジ

本書に関する最新情報は，小社ホームページにある**本書の「サポート情報」**をご覧ください。(開設していない場合もございます。)
なお，この本の内容についての責任は小社にあり，内容に関するご質問は直接小社におよせください。

中学 まとめ上手 国文法

編著者　中学教育研究会　発行所　受験研究社

発行者　岡本明剛

〒550-0013　大阪市西区新町2―19―15
注文・不良品などについて：(06)6532-1581(代表)／本の内容について：(06)6532-1586(編集)

Printed in Japan　太洋社・高廣製本
落丁・乱丁本はお取り替えします。